Chancen(un)gleichheit in der Schule

Zuweisung von Kindern und Jugendlichen mit Migrationshintergrund in die Primarstufe und in die Sekundarstufe I. Eine quantitative empirische Studie

Cemil Şahinöz

Herstellung und Verlag:
Books on Demand GmbH, Norderstedt
ISBN 978-3-8423-4871-4

Inhaltsverzeichnis

Abbildungsverzeichnis

1.0 Einführung

Seiteneinsteiger/innen sind schulpflichtige Kinder und Jugendliche, die im Laufe eines Schuljahres aus ihren Heimatländern kommen und ohne Kenntnisse der deutschen Sprache in das Schulsystem einsteigen. Oft sind dies ältere Kinder oder Jugendliche, die aufgrund verschiedener Motive mit ihren Eltern aus ihren Heimatländern nach Deutschland ausgesiedelt sind. Diese Gruppe von Menschen ist bildungsspezifisch sehr heterogen verteilt. Unter ihnen sind sowohl Analphabeten als auch sehr begabte Schüler/innen. So tritt bei vielen das Problem auf, dass sie zwar ein gutes Bildungsniveau haben, aber aufgrund ihrer mangelnden Deutschkenntnisse auf einem unteren Niveau eingestuft werden, sprich entweder auf die Förderklasse oder auf die Hauptschule verwiesen werden.

Wie die PISA-Studien deutlich gezeigt haben, ist die deutsche Sprache der Schlüssel zum Erfolg im deutschen Bildungssystem, ja sogar um erfolgreich in der Gesellschaft integriert zu sein (ein sehr guter Matherechner, der kein Deutsch spricht, kann in Mathe eine schlechte Note haben, da die Fragestellungen, die auf deutsch sind, nicht verstanden werden). Das heißt, **schlechte Deutschkenntnisse führen zu schlechtem oder keinem Schulerfolg, dies wiederum zu keiner beruflichen Chance, und letztendlich zu keiner Chance für sozialen Aufstieg und zur gesellschaftlichen Integration**.

Die vorliegende Arbeit hat nicht den Anspruch, zu erklären, wie Seiteneinsteiger/innen (speziell Ausländer und Aussiedler) besser in die Schule integriert werden sollten oder könnten. Diese Frage nach dem „Wie?“ würde den Rahmen dieser kurzen Arbeit sprengen. Vielmehr wird eine quantitative empirische

Forschung über den Tatbestand in den Schulen einer mittelgroßen Stadt, im Folgenden einfach nur als "Die Stadt" bezeichnet, für die Jahre zwischen 1999 und 2010 gemacht, um zu zeigen, in welcher Weise die Zuweisung der Migranten in die Primarstufe, Sekundarstufe I und in die Auffang-/Förderklassen erfolgt. Es soll also eine beschreibende und analysierende Funktion haben. Der Name der Stadt wird aus ethischen Gründen nicht genannt.

Zunächst werden im nächsten Kapitel die Schulformen einiger Länder verglichen. Im darauf folgenden Kapitel gibt es Statistiken zu Nordrhein-Westfalen und der analysierten Stadt. Danach wird in Kapitel 4 die Zuweisungen von Ausländern und Aussiedlern behandelt. Die Ergebnisse werden aufgeteilt in drei verschiedene Kapitel: Primarbereich, Sekundarbereich I, Förderklassen. Im Anschluss geht es in Kapitel 5 um verschiedene Einflüsse auf die Schulleistungen und Bildungschancen. Kapitel 6 widmet sich dem Problem der Integration und einem

Lösungsvorschlag in Form eines Paradigmenwechsels. Als letztes folgt ein kurzes Fazit.

2.0 Vergleich ausgewählter Staaten[1]

In diesem Kapitel geht es um den Vergleich einiger ausgewählter Staaten. Diese sind Kanada, England, Finnland, Frankreich und Deutschland. Die Länder wurden nicht nach bestimmten Kriterien ausgewählt. Es werden wesentliche Informationen zur Organisation der jeweiligen Schulsysteme gegeben. Somit können wir uns ein Bild der einzelnen Schulsysteme und der jeweiligen Organisation von Schule und Unterricht machen.

Kanada

In Kanada gibt es 13 verschiedene Provinzen. Die Provinzen haben unterschiedlich organisierte Schulsysteme. Das Schulsystem allgemein hat eine sehr föderale Struktur. Unterrichtspflicht ist vom 6. bis 16. Lebensjahr (in New Brunswick bis zum 18. Lebensjahr). Die Vorschule ist nicht Pflicht. Aber 91% aller

[1] Die Daten entstammen aus BMBF, 2003

Fünfjährigen besuchen eine Vorschule. In einigen Provinzen besteht die Möglichkeit, mit vier Jahren einen Kindergarten zu besuchen. Die Quote hierfür liegt bei unter 50%. In Ontario können Kinder mit besonderem Förderbedarf schon mit zweieinhalb Jahren eine spezielle Vorschule besuchen. Der Anteil der Privatschüler beträgt 5,2%, davon sind 2% staatlich abhängig und 3,2% unabhängig. Also relativ wenige Schüler besuchen eine Privatschule.

Das Schulsystem in Kanada können wir vergleichen mit einem Gesamtschulsystem. Es gibt keine Differenzierungen in unterschiedliche Schulformen. Erst ab der 10.Klasse gibt es eine interne Differenzierung. Hier werden Kinder aufgeteilt nach hochschulvorbereitende oder berufsbildende Bildungsgänge. Ein Sitzenbleiben ist auf kanadischen Schulen nicht möglich. Stattdessen findet eine intensive Förderung der Schüler statt.

Vorschul- und Kindergartenprogramme beginnen mindestens ein Jahr vor Schulbeginn. Im Durchschnitt hat man hier zwei bis drei Stunden am Tag. Die Primärstufe umfasst durchschnittlich fünf Unterrichtsstunden pro Tag. Weiterhin können verschieden Angebote belegt werden, so dass man es mit einer Ganztagschule vergleichen kann.

Mit 6 Jahren werden die Kinder in die Grundschule aufgenommen. Die Primarstufe hat 6 Klassenstufen. In Manitoba und Ontario gehören die 7. und die 8. Klasse auch noch zur Primarstufe. In Saskatchewan ist die 6.Klasse bereits die high school. Je nach Dauer der Primarstufe umfasst die Sekundarstufe zwischen 4 und 7 Jahren. Die Sekundarstufe endet mit der 12.Klasse, ausgenommen in Quebec, wo es schon mit der 11.Klasse endet. Und in Ontario gibt es die sogenannten Ontario Academic Courses (OACs). Diese Kurse sind entscheidend für den Besuch einer Universität. Nach der Sekundarstufe kann man entweder ein College oder eine Universität besuchen. Da in Quebec die Sekundarstufe schon mit der 11.Klasse endet, müssen diese Schüler noch ein Jahr nachholen und die CEGEP besuchen, wenn sie auf eine Universität möchten. CEGEP sind Schulen, die auf den Arbeitsmarkt vorbereiten oder die Allgemeinbildung vertiefen. In Colleges hat man die Möglichkeit, Programme zu besuchen, die zwischen 6 Monaten und 3 Jahren dauern können. Am Ende bekommt man entweder ein Zertifikat oder ein nicht-akademisches Diplom. Nur in Universitäten werden akademische Diplome vergeben. Allerdings können nur einige Universitäten einen Bachelor, Mastergrad oder Doktortitel vergeben.

Die Bildung bis zur Universität ist in Kanada kostenfrei. Gleichzeitig ist Kanada eines der Länder mit den höchsten Bildungsausgaben. Um die verschiedenen Bildungssysteme in den Provinzen zu leiten existiert ein Gremium, das sich Rat der Bildungsminister (CMEC) nennt. Diese stimmen die Bildungspolitik zwischen den Provinzen und Territorien ab. Doch für die Aufsicht, Verwaltung und Steuerung des jeweiligen Bildungssystems sind die Provinzen selbst verantwortlich. Durch den Rat der Bildungsminister wurde 1989 ein Leistungsindikatorenprogramm gestartet. Dieses hat die Aufgabe, die Provinzen zu vergleichen und die Leistungen in den Bereichen Lesen, Schreiben und Mathematik zu messen. Kanada hat sozusagen eine interne PISA. In der Pisa-Untersuchung kam Kanada beim Lesen auf Platz 2. Allerdings äußern sich der Verband der kanadischen Lehrer und die Presse immer wieder kritisch zur Einführung dieser Indikatorensysteme. Quebec und Alberta schneiden in diesen Studien am Besten ab.

Die Pflichtschulzeit liegt in Kanada unter der Zeit, die benötigt wird, um einen Schulabschluss zu erlangen. Somit verlassen 30% eines Altersjahrgangs die Schule ohne Schulabschluss. Um dieses Defizit im Alter zu kompensieren, bietet man verschiedene Möglichkeiten für Erwachsene an.

In Kanada ist die multikulturelle Bildung und Erziehung kein Problem mehr. Da es sich bei Kanada selbst um ein traditionelles Einwanderungsland handelt, hat das Bildungssystem langjährige Erfahrungen mit Schülern, deren Muttersprache nicht Englisch oder Französisch ist. 61% der Kanadier haben Englisch als ihre Muttersprache. 26% spricht Französisch. Die restlichen 13% sind Sprachen der Einwanderer.

Der Beruf des Lehrers ist in Kanada sehr beliebt. Es existieren Zulassungsbeschränkungen für Lehramtskandidaten. Auch die berufliche Fortbildung der Lehrer spielt eine wichtige Rolle. In manchen Gegenden müssen sich Lehrer mindestens 40 Tage im Jahr fortbilden. Hierzu sind sie verpflichtet. Hier wird deutlich, wie viel Wert auf Lehrerförderung gelegt wird.

England

In England werden verschieden Formen von Vorschulen angeboten. 1999 besuchten 98% der Vierjährigen irgendeine dieser Vorschulen. 56% besuchten eine Eingangsklasse, 22% besuchten nursery schools, 15% private und ehrenamtlich betreute Angebote und 5% besuchten unabhängige Vorschulen. Die Eingangsklassen sind Klassen, die an die Primarstufe angegliedert sind. Die nursery schools sind unter der Trägerschaft von Lokalen Bildungsbehörden.

Die Schulpflicht ist zwischen 5 und 16 Jahren. Die Primarstufe hat 7 Klassenstufen, aufgeteilt in key stages. Key stage 1 beginnt im Alter von 5 Jahren und hat 3 Klassenstufen. Danach beginnt die key stage 2 und umfasst die Klassen 4 bis 7. Am Ende der key stages wird ein nationaler Leistungstest durchgeführt. Diesen kann man vergleichen mit den Lernstandsüberprüfungen in Deutschland. Diese Prüfungen beeinflussen nicht die Note in einem Fach, sondern dienen lediglich zu einem nationalen Vergleich.

Die Sekundarstufe beginnt mit 11 Jahren mit dem Übergang zur secondary school. Diese sind bis auf einige Ausnahmen Gesamtschulen. Im Alter von 14 Jahren, wenn key stage 3 beendet ist, wird erneut ein nationaler Leistungstest durchgeführt. Am Ende von key stage 4, im Alter von 16 Jahren, gibt es ein Abschlussexamen. Danach haben dies Schüler die Wahl, entweder eine sixth form college oder ein further education college zu besuchen. Ca. 50% der Schüler besuchen ein sixth form college. Diese dauert 2 Jahre und bereitet die Schüler auf die Universität vor. Als Abschluss gibt es hier das A-Level-Examen. Die Further education colleges bieten ein breites Bildungs- und Ausbildungsangebot an. Die Ausbildung an diesen Colleges kann sowohl in Vollzeit- als auch in Teilzeitform absolviert werden.

Die Schulen in England sind mehrheitlich staatlich finanziert und nicht-religiös ausgerichtet. Schulen, die von Religionsgemeinschaften oder gesellschaftlichen Gruppen betrieben werden können staatliche Unterstützung erhalten. Dies setzt aber eine regelmäßige Inspektion der Schulen voraus.

Der Anteil der Schüler, die eine unabhängige Privatschule besuchen beträgt 7%. In der sixth form besuchen sogar 20% eine unabhängige Privatschule. Die unabhängigen Privatschulen müssen sich einer regelmäßigen Inspektion unterziehen.

In den Grundschulen findet der Unterricht zwischen 8.50 Uhr und 15.15 Uhr statt. In der Sekundarstufe dauert der Schultag von 8.45 Uhr bis 16

Uhr. Mittagsessen wird in den Schulen angeboten. In den Schulferien werden Nachhilfe und andere Aktivitäten angeboten.

In den 90er Jahren kam es im englischen Bildungssystem zu vielen Gesetzesveränderungen. Ziel war es, Marktkräfte und Wettbewerb unter den Schulen einzuführen, um so die Bildungsstandards und die Qualität des Bildungsangebots zu erhöhen. Weiterhin werden Initiativen, die sich bemühen, die Schülerleistungen und die Bildungsstandards anzuheben, staatlich gefördert. Beim Lesen belegte England in der Pisa-Studie Platz 7. Platz 4 gab es für die Naturwissenschaftlichen Fächer.

Ein wichtiges Merkmal des englischen Bildungssystems ist der landesweite verbindliche Lehrplan für den Pflichtschulbereich; die national curriculum. Hier werden auch Leistungsziele definiert, die dann am Ende der key stages durch landesweite Leistungsmessungen überprüft werden.

Das größte Problem in England ist, dass es beträchtliche Leistungsunterschiede zwischen den Schulen gibt. Besonders im Sekundarbereich haben sich die Unterschiede in den letzten Jahren weiterhin vergrößert. Forschungsergebnisse belegen, dass soziale Benachteiligung noch immer ein Faktor ist, der die Bildungs- und Lebenschancen junger Menschen in England in hohem Maße beeinflusst.

Finnland

Das Vorschuljahr ist in Finnland freiwillig. Die Beteiligung liegt bei 93%. Die Unterrichtspflicht ist vom 7. bis 16. Lebensjahr. Es herrscht ein Gesamtschulsystem. Bis zur 9.Klasse besuchen die Kinder gemeinsam eine Gesamtschule. Die Primärstufe umfasst 6 Klassenstufen und die Sekundarstufe 3. Am Ende gibt es aber kein Abschlussexamen. Ausschließlich die Noten zählen für die Bewerbung an den weiterführenden Schulen. Der Abschluss der Gesamtschule wird von 99,7% aller Schüler erreicht.

In der Gesamtschule gibt es keine Differenzierung oder Selektion der Schüler nach Leistungen oder anderen Kriterien. Der Unterricht wird in heterogenen Lerngruppen veranstaltet. Erst nach dem 9.Schulljahr kommt es zu einer Differenzierung. Die Schule ist eine Halbtagsschule. An einigen Modellschulen wird der Ganztag ausprobiert. Weiterhin wird an jedem Tag kostenlos ein warmes Essen für alle Schüler ausgegeben.

55% der Gesamtschulabsolventen setzen ihre Schullaufbahn an einer allgemein bildenden Sekundarschule fort. Das Curriculum dieser Schulen ist auf den späteren Besuch einer Universität ausgerichtet. Es endet mit dem landesweiten Abitur. 35% besuchen eine berufsbildende höhere Sekundarschule. Hier werden bei der Bewerbung auch Aufnahmetests durchgeführt. Die Dauer der Schule beträgt in diesem Fall drei Jahre. Der Anteil der Lehrlingsausbildung beträgt nur 10%. Der größte Teil schreibt sich anschließend an einer Fachhochschule ein. 5% der Gesamtschüler absolvieren ein zehntes Schuljahr an der Gesamtschule, bevor sie an einer der weiterführenden Schulformen wechseln. Somit haben sie die Gelegenheit, ihre Noten zu verbessern. 2,4% der 15-jährigen waren im Jahre 2000 an einer Sonderschule angemeldet. Den Anteil der Privatschulen beträgt gerade mal 3,8%.

66% einer Altersgruppe wechseln nach dem Abschluss der höheren Stufen an eine Universität oder Fachhochschule. Die durchschnittliche Studiendauer beträgt 6,5 Jahre. Das Studium an einer Fachhochschule dauert zwischen 3,5 und 4,5 Jahren.

Besonders im Bereich Leseverständnis hat sich Finnland in der PISA-Studie durch ein hohes durchschnittliches Leistungsniveau ausgezeichnet. Sie belegten Platz 1. Platz 4 erreichten sie in Mathematik. Ein anderer wichtiger Punkt ist, dass die schulischen Leistungen der Schüler sehr gering mit außerschulischen Einflussgrößen verknüpft sind. Es gibt einen sehr geringen Zusammenhang zwischen Bildung und sozialer Herkunft. Bildungsanstrengungen werden in der Gesellschaft mit einer besonders hohen Wertschätzung verbunden. Die Teilnahme am Bildungssystem ist in allen Bereichen relativ hoch. Auch der Anteil der Matrikulierten im tertiären Sektor ist im OECD-Maßstab sehr hoch. Weiterhin wird die schrittweise Umstellung des Bildungssystems auf sozial-integrative Schulen bis zum Ende der Klassenstufe 9 als positiv bewertet. In den Gesamtschulen findet eine effektive Förderung Lernschwacher statt. So ist an vielen Schulen sonderpädagogische, sozialpädagogische und pädagogisch-psychologische Expertise in besonderen Funktionen an der Schule integriert. Vor allem die Vorzüge heterogener Lerngruppen mit ihren Vorteilen für Lernschwache werden als positiv eingestuft.

Frankreich

Die Schulpflicht ist in Frankreich vom 6. bis zum 16. Lebensjahr. Und das schon seit den 60er Jahren. Die Vorschule beginnt jedoch mit 3 Jahren. 90% aller Kinder besuchen die Vorschule. Die Primarstufe hat 5 Klassenstufen. Die jährliche Unterrichtsstundenzeit beträgt zwischen 830 und 840 Stunden plus 70 Stunden Kleingruppenlernen.

Nach der Primarstufe beginnt das college, eine Art Gesamtschule. Diese hat die Klassen 6 bis 9. 95% aller Schüler schließen das college mit einem erfolgreichen Examen ab, welches landesweit einheitlich ist.

Die Sekundarstufe II umfasst die Klassen 10 bis 12. Ab dem 11.Schulljahr wird eine Differenzierung in einen allgemein bildenden und einen technologischen Bildungsgang vorgenommen. Für diese Bereiche gibt es dann verschiedene Abiturexamen. Diese Examen sind zentrale nationale Prüfungen.

86 Universitäten gibt es in Frankreich. 3 davon sind nationale Polytechnische Institute. Zudem gibt es eine Reiche von staatlichen Elitehochschulen, bei denen es sehr strenge Aufnahmeverfahren gibt.

Vor dem Eintritt in die Grundschule, in das college und in das zweite Jahr des allgemein bildenden, technologischen oder berufsbildenden Bildungsgangs der

Sekundarstufe II werden Leistungskontrollen durch das nationale Bildungsministerium durchgeführt.

Die französische Schule ist eine Ganztagsschule. Die Schulwoche besteht aus neun halben Tagen, die sich auf vier ganze Tage und einen halben Tag verteilen. Am Mittwoch findet in der Regel kein Unterricht statt, dafür aber samstags. Von vielen Seiten wird gefordert, den Samstagsunterricht abzuschaffen und ihn auf den Mittwoch zu verlegen.

Für Schüler mit Förderbedarf gibt es spezielle Klassen an den Primar- oder Sekundarschulen oder an getrennten Einrichtungen unter der Aufsicht des Gesundheitsministeriums. 5% aller Kinder eines Jahrgangs werden sonderpädagogisch geschult.

Der Anteil der Privatschüler liegt im Primarbereich bei 14% und im Sekundarbereich bei 20%. Private Schulen haben zudem die Möglichkeit, einen Vertrag mit dem Staat anzuschließen, der diese unter staatliche Aufsicht stellt, als Gegenleistung erhalten sie staatliche Finanzmittel.

Auch in Frankreich spielt die Bildung in der Gesellschaft eine wichtige Rolle. Sie ist mit sehr viel Wertschätzung verbunden. Der Staat hat hohe Bildungsausgaben. Daher wird von den Schulen viel erwartet. Schulen sollen dazu beitragen, sozialpolitische Probleme zu lösen und gleiche Bildungschancen zu sichern. Jedoch gibt es eine enge Koppelung von sozialer Herkunft und Leistungsentwicklung. Zudem werden zunehmende Gewaltprobleme in Einzelschulen bestimmter Regionen kritisch diskutiert. Es wird versucht, Problemgruppen besonders zu fördern. Für Schulen in sozial benachteiligten Regionen stehen zusätzliche Ressourcen zur Verfügung. Für nach Frankreich immigrierte Kinder finden Fördermaßnahmen in französischer Sprache statt, muttersprachlicher Unterricht wird nicht unterstützt.

Das Bildungswesen ist in Frankreich noch stark durch zentrale Steuerungselemente bestimmt. Die staatlichen Lehrpläne enthalten detaillierte Vorgaben zu grundlegenden Bildungszielen, Fächern und Inhalten, Unterrichtsaktivitäten und –methoden sowie zu den zu erwerbenden Kenntnissen, Fähigkeiten und Fertigkeiten. Über die Auswahl der Schulbücher und der Unterrichtsmaterialien entscheiden jedoch die Lehrkräfte selbst. Die Bewerbung um eine Stelle als Lehrer ist an zentrale Zulassungsprüfungen gebunden. Zudem werden Lehrerfortbildungsmaßnahmen durchgeführt, deren Teilnahme jedoch freiwillig ist. In den letzten fünf Jahren nahmen 60% der Lehrkräfte an einem Kurs von mindestens einer Woche Dauer teil.

Deutschland

In Deutschland besucht die überwiegende Mehrzahl der Schüler öffentliche Schulen. 5,7% besuchen private Schulen. Die allgemein bildenden Schulen sind meistens Halbtagsschulen. Der Sekundarbereich ist in allen Bundesländern plural organisiert. Am Ende der vierten Klassenstufe wird entschieden, welche Bildungsgänge die Schüler besuchen.

Der Vorschulbereich besteht aus einem Kindergartensystem, welches bis zum 6.Lebensjahr besucht werden kann. Die Grundschule beginnt mit dem 6.Lebensalter und hat vier Klassenstufen. Nach der vierten Klasse beginnt der Sekundarbereich I mit zwei bis vier verschiedenen Schulsystemen in den verschiedenen Bundesländern. Das Sekundarschulwesen in Deutschland weist eine große Vielfalt an Organisationsformen auf:

- Zweigliedriges Schulsystem: Mittelschule und Gymnasium, z.B. in Sachsen
- Dreigliedriges Schulsystem: Hauptschule, Realschule und Gymnasium, z.B. in Bayern
- Viergliedriges Schulsystem: Hauptschule, Realschule, Gymnasium und Integrierte Gesamtschule, z.B. in Nordrhein Westfalen

Die Gesamtschulen wurden in der 70er Jahren als Versuch erstellt. Eigentlich sollten sie keine vierte Schulform werden, sondern eine Alternative zu den anderen drei Schulformen. Sie sollten also keine Regelschule werden, zu dem sie letztendlich wurden. Es fällt auf, dass in allen OECD-Ländern im Sek-I Bereich eine Gesamtschule existiert und nur in Deutschland gibt es mehrere Formen. Diese Sortierung in Haupt-, Real- und Gymnasium hat einen negativen Effekt. Die Schüler werden im jungen Alter beeinflusst und falsch entwickelt. Eine Selektion nach der vierten Schule ist viel zu früh.

Die soziale Herkunft hat in Deutschland einen großen Einfluss auf die Schulleistung. Deutschland ist das Land, wo die soziale Herkunft am größten Einfluss auf die Leistung hat. Arbeiterkinder sind im Durchschnitt weniger „intelligent" und besuchen die niedrigeren Schulen als Kinder von höhergestellten Eltern. Die Chancen, weiterführende Schulen zu besuchen, sind für Arbeiterkinder sehr gering. In den niedrigeren Schulen wird man auch weniger gefördert. Die Leseleistung z.B.

wird im Gymnasium stärker gefördert als in anderen Schulen. Auch die Intelligenzentwicklung steigt im stark geförderten Gymnasium. Allgemein ist die Förderung in den verschiedenen Schulen zu unterschiedlich. Somit kommt es zu einem Doppel Effekt. Die Leistung hängt somit von der sozialen Herkunft und von der Art der besuchten Schule ab.

Fazit des Vergleichs

Die Analyse und der Vergleich dieser Staaten zeigen neue Themen, Instrumente und Maßnahmen auf, die bislang im deutschen System entweder nicht vorhanden sind oder nicht die in den anderen Schulsystemen beschriebenen Rollen spielen. Man kann aus dem Vergleich sehen, was andere Staaten zur Verbesserung ihrer Leistungsfähigkeit unternommen haben.

Die Reformen der Staaten, die ich untersucht habe, begannen spätestens in den 1990er Jahren. Hieran waren in der Regel öffentliche Diskussionsprozesse angekoppelt. Solche Diskurse können sehr produktiv sein und dienen zum einen der Konsensbildung über die Entwicklung des Bildungssystems und zum anderen einem aktiven Reagieren auf gesellschaftliche und ökonomische Veränderungen.

Insgesamt wird Bildung als wesentliches Entwicklungspotenzial verstanden, dem eine hohe Aufmerksamkeit beigemessen wird. Es fällt auf, dass Bildung in der Gesellschaft in allen Ländern hoch geschätzt wird. Sie hat einen hohen Stellenwert. Fraglich ist aber, wie man das messen soll. Es ist nicht leicht, dies zu operationalisieren. ?!

3.0 Statistiken

Im ersten Unterkapitel werden zunächst allgemeine Statistiken zum Schuljahr 2009/2010 in Nordrhein-Westfalen (NRW) behandelt. Danach folgen spezifischere Daten zur Stadt. Da, wo es möglich ist, wird zwischen NRW Gesamt und der Stadt verglichen.

Zunächst sollte erwähnt werden, dass mit Ausländer der rein juristische Begriff gemeint ist. Es geht also hierbei nur um Personen, die nicht die deutsche Staatsbürgerschaft haben. Menschen mit einem türkischem Migrationshintergrund und einem deutschem Pass fallen hier raus. Daher werden z.B. Eingebürgerte Migranten in diesen Statistiken nicht mitbetrachtet. Dies ist ein erhebliches Problem, da ein verzerrendes oder ein übertrieben pessimistisches Bild dabei rauskommt. Da aber keine anderen Möglichkeiten der Erfassung zu Grunde liegen, müssen wir mit diesen Zahlen arbeiten[2].

[2] Migrationsstatistik ist in der Tat eine qualifizierte Schätzung.

Bei Aussiedlern wird die Erfassung etwas komplizierter. Aussiedler werden in der Statistik nicht als solche erfasst. Das Einwohnermeldeamt registriert Menschen, die nach dem 31.12.1992 aus der ehemaligen Sowjetunion als deutsche Volkszugehörige nach Deutschland gekommen sind. Diese Menschen haben deutsche Pässe.

3.1 NRW

Wenn nicht anders angegeben, beziehen sich die in diesem Unterkapitel genannten Daten auf das Schuljahr 2009/2010.

Demnach gibt es in NRW im Schuljahr 2009/2010 insgesamt 2.799.259 Schüler/innen. 48,19% sind weiblich und 51,81% sind männlich. Die Zahl der Schüler, die keinen deutschen Pass haben, also statistisch gesehen als Ausländer zählen, beträgt 299.855 (10,7%) ausländische Schüler/innen. Zudem gibt es 73.018 (2,6%) Aussiedlerschüler/innen (MSW, 2010, S.8). Die Top 10

Staatsangehörigkeiten der ausländischen Schüler/innen verteilen sich in NRW folgendermaßen:

Abbildung 1: Staatsangehörigkeiten der ausländischen Schüler/innen in NRW im Schuljahr 2009/2010

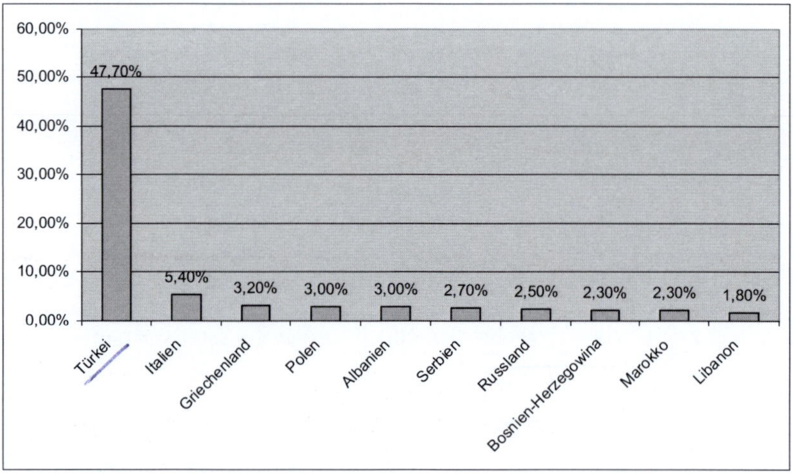

Quelle: MSW, 2010, S.110

Fast jede/r zweite ausländische Schüler/in hat die türkische Staatsangehörigkeit. Nach großem Abstand kommt Italien mit 5,4%.

Die Verteilung der ausländischen Schüler/innen unter sich (also ohne deutsche Staatsangehörige) auf die verschiedenen Schulformen zeigt folgende Abbildung:

Abbildung 2: Verteilung der ausländischen Schüler/innen auf die verschiedenen Schulformen in NRW im Schuljahr 2009/2010 (ohne deutsche Staatsangehörige)

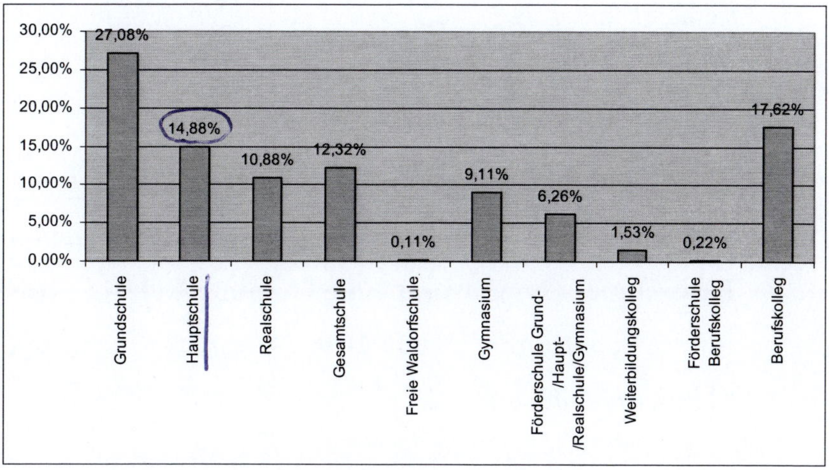

Quelle: MSW, 2010, S.112

27,08% der ausländischen Schüler/innen sind auf der Grundschule. 14,88% der ausländischen Schüler/innen sind auf der Hauptschule. 10,88%

besuchen die Realschule und etwas mehr (12,32%) sind auf der Gesamtschule. 17,62% der Ausländer besuchen einen Berufskolleg.

Da in dieser Statistik verschiedene Altersstufen nicht differenziert werden, ist es notwendig, die Verteilung auf die Schulformen (Hauptschule, Realschule, Gymnasium und Gesamtschule) noch genauer zu zeigen, um einen besseren Vergleich zu haben:

Abbildung 3: Verteilung der ausländischen Schüler/innen auf die Schulformen Hauptschule, Realschule, Gymnasium und Gesamtschule in NRW im Schuljahr 2009/2010 (ohne deutsche Staatsangehörige)

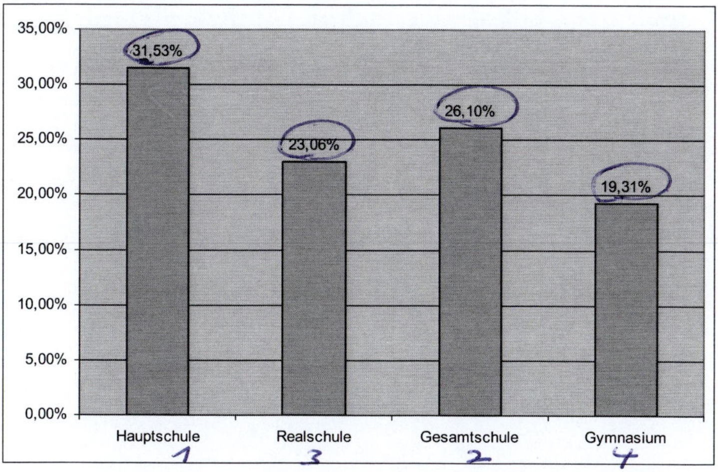

Quelle: Eigene Berechnung aus MSW, 2010, S.112

Insgesamt besuchen 141470 ausländische Schüler/innen eine dieser vier Schulformen. Die prozentuale Aufteilung dieser Schüler/innen auf diese Schulformen sehen wir in der Abbildung oben. 31,53% dieser Schüler/innen besucht die Hauptschule. Auf der Realschule sind nur 23,06% anzufinden. Der geringste Anteil ist auf dem Gymnasium mit 19,31%. Die Gesamtschule wird von 26,10% dieser Schüler/innen besucht. Wen wir bedenken, dass die Gesamtschule häufig als Alternative zur Hauptschule vorgezogen wird, beträgt **der Anteil der Schüler/innen, die nicht die Realschule und das Gymnasium besuchen 57,63%.**

In der nächsten Abbildung sehen wir die Verteilung der Ausländerschüler/innen am Gesamtschüleranteil auf die verschiedenen Schulformen in NRW. Diesmal werden also alle Schüler/innen berücksichtigt.

Abbildung 4: Verteilung der ausländischen Schüler/innen auf die verschiedenen Schulformen in NRW im Schuljahr 2009/2010

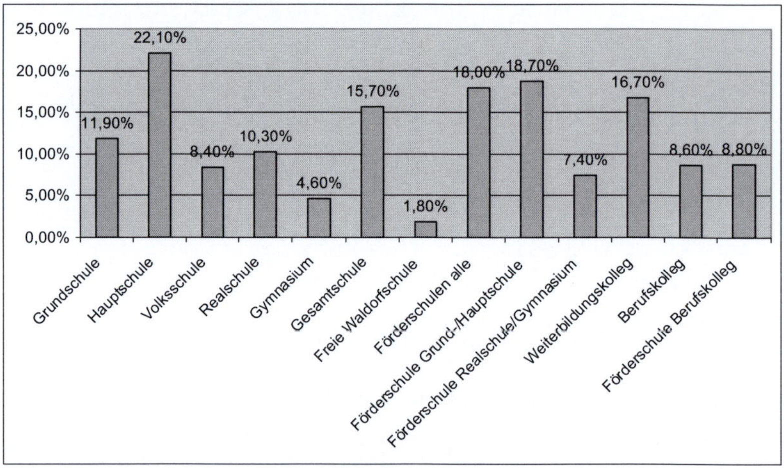

Quelle: MSW, 2010, S.115

22,1% der Schüler/innen auf den Hauptschulen sind Ausländer. 18% auf den Förderschulen sind ebenfalls Ausländer. Diese Zahlen sind im Vergleich zum Gesamtausländeranteil sehr hoch. Parallel dazu sind auf Schulen, die zu einem höheren Bildungsabschluss führen, wie z.B. Realschule oder Gymnasium, recht wenige Ausländer. Auf der Realschule ist knapp mehr jede zehnte Person ein Ausländer, auf dem Gymnasium sogar nur fast jede/r 20. Schüler/in.

Nun schauen wir uns die gleichen Verteilungen in Bezug auf die Aussiedler ein. Zunächst einmal die Verteilung der Aussiedler auf die verschiedenen Schulformen:

Abbildung 5: Verteilung der Aussiedlerschüler/innen auf die verschiedenen Schulformen in NRW im Schuljahr 2009/2010

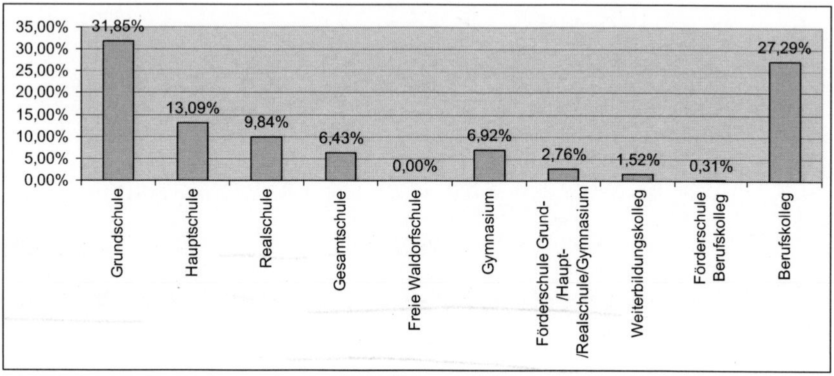

Fast jeder dritte Aussiedlerschüler besucht die Grundschule. 13,09% aller Aussiedlerschüler, die eine Schule besuchen, besuchen die Hauptschule. Ebenfalls wie bei den Ausländerschülern, ist der Anteil der Berufskollegschüler hoch, dieser beträgt immerhin 27,29%.

Auch in Bezug auf Aussiedler macht es Sinn, sie auf die vier Schulformen (Hauptschule, Realschule, Gymnasium und Gesamtschule) zu verteilen. Daraus ergibt sich folgendes Ergebnis:

Abbildung 6: Verteilung der Aussiedlerschüler/innen auf die Schulformen Hauptschule, Realschule, Gymnasium und Gesamtschule in NRW im Schuljahr 2009/2010

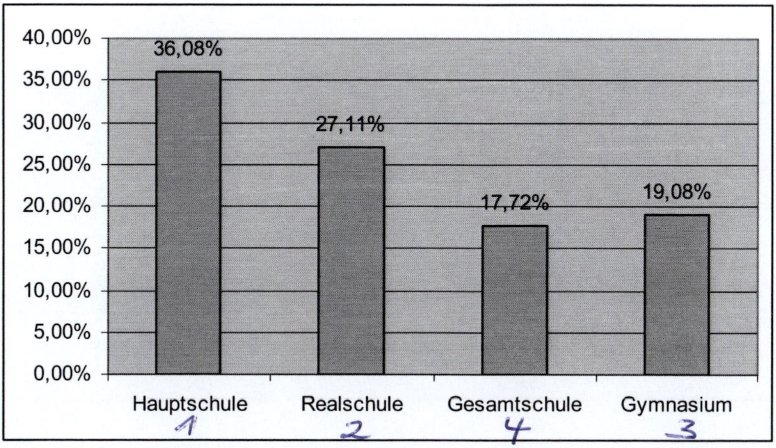

36,08% besuchen die Hauptschule und 17,72% die Gesamtschule. 53,81% der Schüler besuchen weder die Realschule noch das Gymnasium. Also knapp weniger als bei den Ausländern.

Als nächstes schauen wir uns die Gesamtanteile an. Also wie hoch der Anteil der Aussiedlerschüler an den verschiedenen Schulformen ist.

Abbildung 7: Verteilung der Aussiedlerschüler/innen auf die verschiedenen Schulformen in NRW im Schuljahr 2009/2010

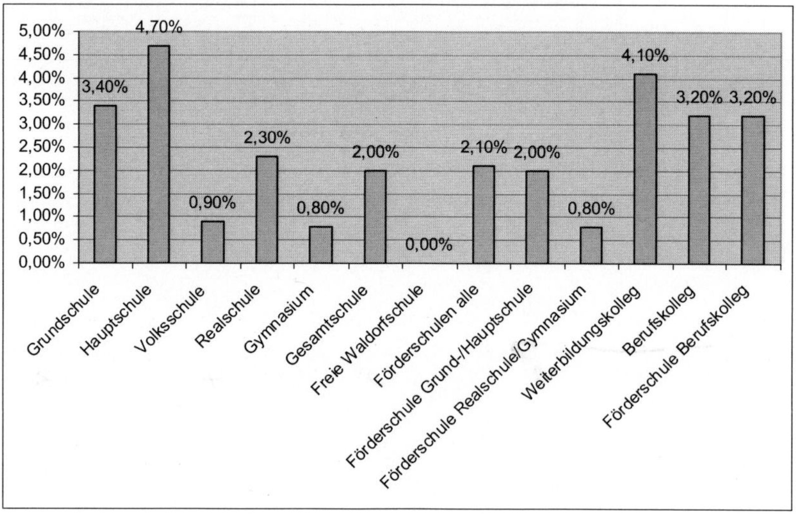

Quelle: MSW, 2010, S.115

Der Anteil der Aussiedler in den Schulen ist nicht so hoch wie bei den Ausländern. Dies hängt natürlich auch damit zusammen, dass Schüler/innen, die noch als Aussiedler definiert werden, weniger wird. In der

Hauptschule beträgt der Anteil mit 4,7% noch am Höchsten. 2,3% beträgt der Anteil der Aussiedler an den Realschulen und nur 0,8% in der Schulform Gymnasium.

Fassen wir nun Ausländer und Aussiedler zusammen.

Abbildung 8: Verteilung der Migrantenkinder (Aussiedler und Ausländer) auf die verschiedenen Schulformen in NRW im Schuljahr 2009/2010

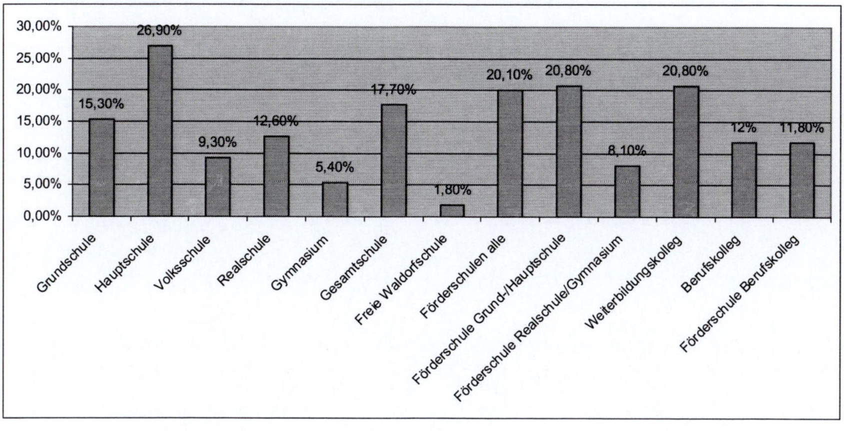

Quelle: MSW, 2010, S.115

26,9% der Schüler/innen auf den Hauptschulen sind entweder Ausländer oder Aussiedler. Das heißt, mehr als jeder Vierte in den Hauptschulen ist kein Deutscher. Auf dem Gymnasium ist dieser Anteil mit 5,4% sehr gering. Relativ hoch ist der Anteil an den Förderschulen. 20,1% aller Schüler an den Förderschulen sind Ausländer oder Aussiedler.

3.2 Die Stadt

88,42% der Einwohner in der Stadt[3] haben die deutsche Staatsangehörigkeit, davon sind 47,11% männlich und 52,56% weiblich. 11,58% der Bevölkerung gelten als Ausländer. Davon sind 49,93% männlich und 50,07% weiblich. Insgesamt sind 25,6% der Arbeitslosen in der Stadt Ausländer. Der Anteil der Ausländer an den Arbeitslosen ist somit überrepräsentiert.

Im Schuljahr 2009/2010 sind 15,11% der Schüler/innen der Stadt Ausländer und 7,47% Aussiedler. 15,89% aller Schüler/innen besuchen nichtstädtische

---

[3] Auch die Einwohner- , Arbeitslosen- und Schülerzahl werden bewusst aus ethischen Gründen nicht genannt, damit nicht zurückverfolgt werden kann, um welche Stadt es sich handelt.

Schulen. Auf den städtischen Schulen sind 15,88% Ausländer und 7,77% Aussiedler. Auf den nichtstädtischen Schulen sind 11,02% Ausländer und 5,89% Aussiedler. Die Verteilung nach der Nationalität der Ausländer in Stadt sieht folgendermaßen aus:

Abbildung 9: Ausländische Schüler/innen an den Schulen der Stadt im Schuljahr 2009/2010

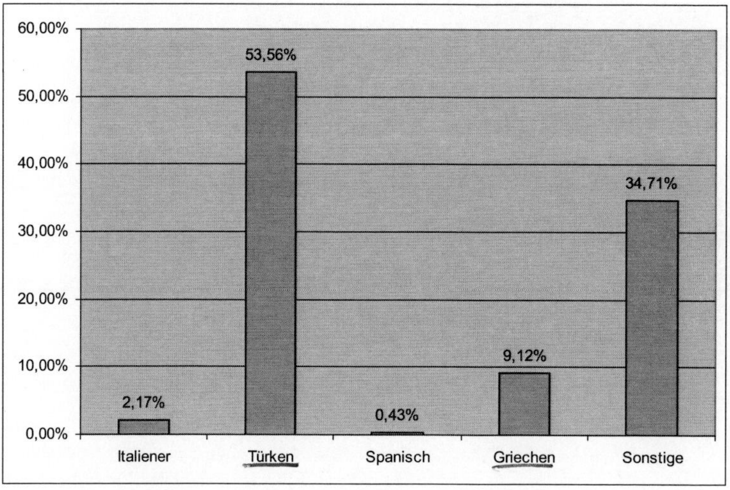

Quelle: Amt für Schule, 2010, S.10

Mehr als die Hälfte (53,56%) der ausländischen Schüler/innen haben die türkische Staatsangehörigkeit. 814 (9,12%) sind Griechen. Der Anteil der Italiener

(2,17%) und Spanier (0,43%) ist in der Stadt gering. Zum Vergleich mit NRW: Der Anteil der Türken unter den ausländischen Schülern in NRW beträgt 47,7%. In der Stadt ist dieser Anteil etwas höher. Auch der Anteil der griechischen Schüler ist höher als in Gesamt NRW, wo der Anteil nur 3,2% beträgt. Italienische Schüler sind mit 2,17% unter dem Durchschnitt in NRW. Der Anteil der spanischen Schüler beträgt in NRW 0,9%, während er in der Stadt 0,43% beträgt.

Im nächsten Schritt betrachten wir die einzelnen Schulformen. Nachfolgend die Verteilung der Ausländer und Aussiedler auf die verschiedenen städtischen Schulen[4]:

[4] Es macht Sinn, städtische und nichtstädtische Schulen getrennt zu betrachten, da man hier einen Unterschied vermuten kann.

Abbildung 10: Verteilung der Ausländer und Aussiedler auf die verschiedenen städtischen Schulen

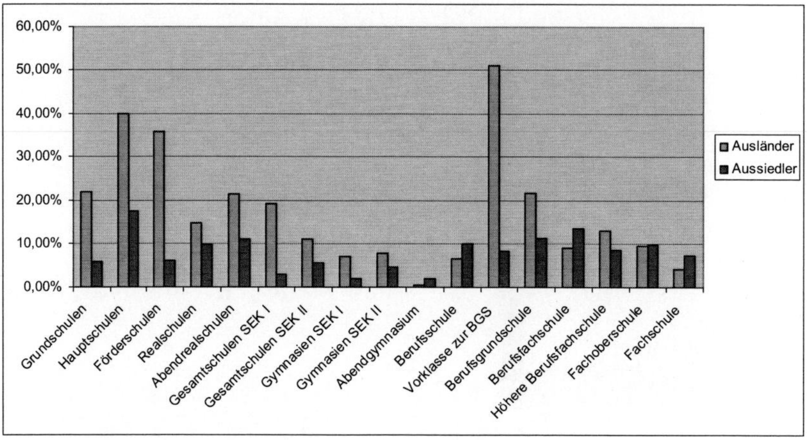

Quelle: Amt für Schule, 2010, S.8

Der Anteil der Ausländer in den Hauptschulen beträgt 39,93%. In den Förderschulen sind 35,69% Ausländer. Die Realschulen haben 14,81% Ausländer. Der Ausländeranteil in den Gymnasien (SEK I und SEK II zusammen) beträgt nur 7,33%. Während die Abendrealschulen 21,46% Ausländer haben sind im Abendgymnasium 0,38% Ausländer; nur 2 der 532 Schüler/innen sind Ausländer. Dagegen hat die Vorklasse zur BGS einen hohen Ausländeranteil von 51,06%.

Der höchste Anteil der Aussiedler ist auf den Hauptschulen (17,43%). Auf den Realschulen sind 9,9% Aussiedler und auf den Förderschulen 6,27%. Nur 2,92% Aussiedleranteil haben die Gymnasien (SEK I und SEK II zusammen).

Abbildung 11: Verteilung der Ausländer und Aussiedler auf die verschiedenen nichtstädtischen Schulen

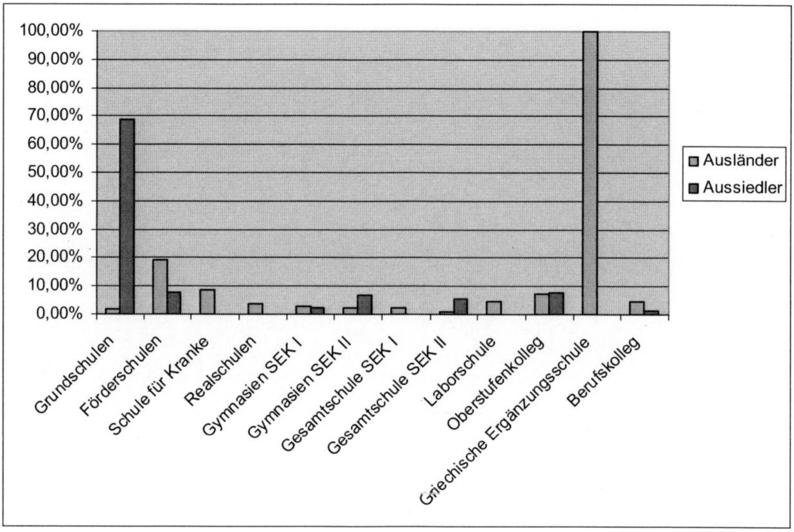

Quelle: Amt für Schule, 2010, S.9

Auf den nichtstädtischen Schulen ist der Anteil bis auf zwei Schulformen immer unter 10%. Nur in den Förderschulen sind 19,4% Ausländer und in der Griechischen Ergänzungsschule sind 100% Griechen.

Der Aussiedleranteil in den nichtstädtischen Grundschulen liegt bei relativ hohen 68,92%. Zum Vergleich: Auf städtischen Schulen beträgt dieser Anteil nur 5,92% und in NRW insgesamt sogar nur 3,4%. Auf der Schule für Kranke, auf den Realschulen, Gesamtschulen SEK I, auf der Laborschule und der Griechischen Schule sind keine einzigen Aussiedler registriert.

Es gibt fünf Schulformen (Grundschulen, Förderschulen, Realschulen, Gesamtschulen, Gymnasien), von denen es in der Stadt sowohl städtische und nichtstädtische Schulen gibt. Wenn wir bei diesen Schulformen die Schulen zusammenfassen, ergibt sich folgendes Schaubild:

Abbildung 12: Verteilung der Ausländer und Aussiedler auf die Grundschulen, Förderschulen, Realschulen, Gesamtschulen, Gymnasien (städtische und nichtstädtische zusammengefasst)

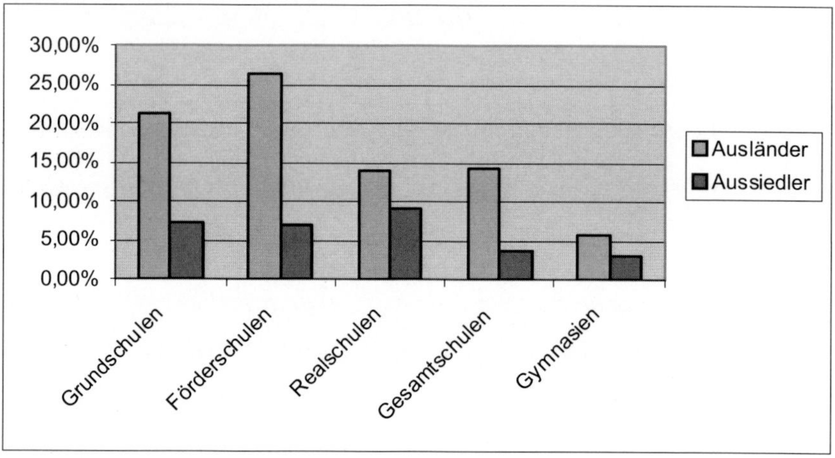

Quelle: Eigene Berechnungen aus Amt für Schule, 2010

Die Zusammenfassung ergibt, dass 21,43% Ausländer auf den Grundschulen in der Stadt sind. Die Förderschulen haben mit 26,44% einen hohen Ausländeranteil. Auf den Realschulen sind 14,07% Ausländer. Die Gesamtschulen haben einen ähnlichen

Anteil (14,32%) wie die Realschulen. Auf den Gymnasien sind nur 5,89% Ausländer.

Der Aussiedleranteil auf den Grundschulen beträgt 7,35%. Auf den Förderschulen sind 7,12% Aussiedler. Die Realschulen haben einen Aussiedleranteil von 9,24%. Gering sind die Aussiedlerzahlen an den Gesamtschulen (3,82%) und an den Gymnasien (3,29%).

Kurzes Fazit: Der Vergleich der Abbildungen und Daten ergibt, dass die Verteilung der Ausländer und Aussiedler auf die Schulen nach einem bestimmten Muster zu erfolgen scheint. Aussiedler z.B. sind meistens an bestimmten Schulen angemeldet. Der Anteil der Ausländer und Aussiedler im Schuljahr 2009/2010 betrug an einer bestimmten Grundschule in der Stadt sogar 72%. Von den 211 Schülern/innen dieser Schule waren 152 Ausländer und Aussiedler. In einer anderen Grundschule waren im selben Jahr 50 der 382 Schüler/innen Ausländer oder Aussiedler, dies sind nur 13,1%. Es gibt auch Grundschulen in dieser Stadt, in denen der Anteil sogar nur 1% (ein Ausländer unter 98 Schülern/innen) beträgt. Das Zustandekommen dieser Ungleichverteilung hat natürlich komplexe Ursachen. **Es ist aber ernt einmal festzuhalten, dass Ausländer und Aussiedler überwiegend bestimmte Schulen besuchen.**

Nun bietet sich ein Vergleich in den Schulformen zwischen der Stadt und NRW Gesamt an. Da sich aber die verschiedenen Schulformen sehr unterscheiden können, kann man sich in diesem Fall nur auf die Schulen beschränken, die gleich strukturiert sind. Diese sind die Schulformen Grundschule, Hauptschule, Realschule, Gymnasium und die Gesamtschule. Der Vergleich ergibt folgendes Ergebnis:

Abbildung 13: Vergleich der Anteile von Ausländern und Aussiedlern auf den verschiedenen Schulformen in NRW und der Stadt

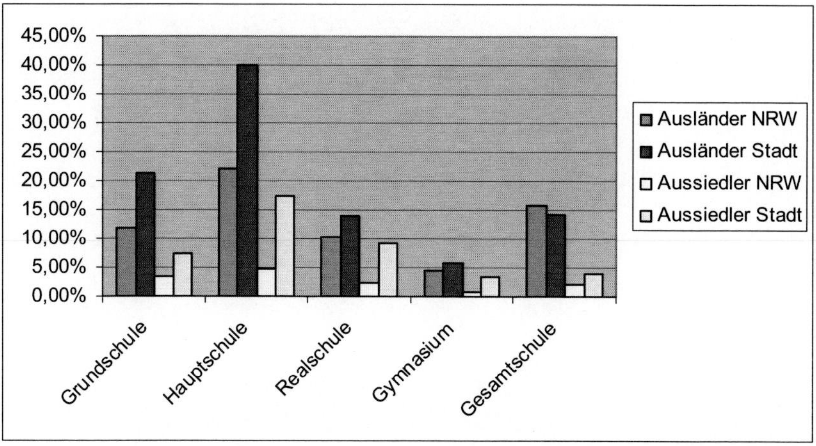

Quelle: Eigene Berechnung aus MSW, 2010 und Amt für Schule, 2010

Es fällt hier zunächst auf, dass in der Stadt sowohl Ausländer als auch Aussiedler in allen Formen überproportional besetzt sind. Die Anteile der ausländischen Schüler/innen und der Schüler/innen aus Aussiedlerfamilien sind in den Schulen in der Stadt höher als in NRW Gesamt (bis auf die Ausländer auf den Gesamtschulen). Der größte Unterschied ist in der Hauptschule festzustellen. Während in den Hauptschulen in NRW Gesamt der Ausländeranteil 22,10% beträgt, ist dieser Wert in den Hauptschulen der Stadt fast doppelt so hoch (39,93%). Bei den Aussiedlerschülern/innen ist der

Unterschied sogar mehr als doppelt so hoch: NRW 4,7% zur Stadt 17,43%. Lediglich der Ausländeranteil auf den Gesamtschulen ist in der Stadt (14,32%) geringer als in NRW Gesamt (15,7%). Man beachte, dass der Anteil der Ausländer in der Stadt mit 11,58% etwas unter dem Durchschnitt von NRW (11,63%) liegt.

4.0 Zuweisung von Ausländern und Aussiedlern in die Primarstufe, Sekundarstufe I und Förderklasse von 1999 bis 2010

Bei der Zuweisung von Ausländern und Aussiedlern gibt es bestimmte Verfahrensregelungen. Unterschieden wird hier zwischen zwei Gruppen:

1. **Kinder bis zur Vollendung des 10. Lebensjahres bzw. bis einschließlich besuchter Jahrgangsklasse 4**

In der „Verfahrensregelung zur schulischen Eingliederung ausgesiedelter und ausländischer Kinder und Jugendlicher", vom Schulamt im Oktober 2008 unterschrieben, heißt es unter Punkt „2.2 Zuweisungsvorschlag" (S.1ff):

„Die Schulleitung der zuständigen Grundschule prüft, ob das Kind an dieser Schule gefördert werden kann und nimmt es ggf. vorbehaltlich der Entscheidung des Schulamtes vorläufig auf. Dabei ist zu beachten, dass der Integration in einer Regelklasse der zuständigen Schule der Vorzug zu geben ist vor der Aufnahme in eine Auffang-/Förderklasse/-Gruppe an einer anderen Schule.

In Zweifelfällen steht die vom Schulamt zur Koordination bestellte Stelle[5] [...] den Schulleitungen beratend zur Verfügung. Falls erforderlich, können ihr die Kinder vorgestellt werden. Die Schulleitung der zuständigen Grundschule übermittelt der Stelle einen Zuweisungsvorschlag sowie die erhobenen Schülerdaten per Vordruck. Die Stelle leitet diesen Vorschlag oder einen abweichenden, entsprechend begründeten eigenen Vorschlag an das Schulamt weiter."

Nach Überprüfung des Zuweisungsvorschlags entscheidet das Schulamt und teilt seine Entscheidung der aufnehmenden Schule mit. Für die weitere Förderung des Kindes und der Überwachung der Einhaltung der Schulpflicht ist die Schule verantwortlich.

[5] Auch diese Einrichtung wird anonym gehalten. Sie wird im Folgenden nur als "Die Stelle" bezeichnet.

2. Jugendliche nach Vollendung des 10. Lebensjahres bzw. ab besuchter Jahrgangsklasse 5

Hier heißt es in der Verfahrensregelung (Schulamt, 2008, S.2ff):

„Die Stelle prüft, ob und ggf. in welcher Schule der/die Jugendliche seinen/ihren Fähigkeiten entsprechend bestmöglich gefördert werden kann oder ob und auf welche andere Weise er/sie auf eine spätere Berufsaubildung vorbereitet werden sollte. Sie hält die dazu erforderlichen Rücksprachen mit Schulen, Ämtern und Betreuungsorganisationen. Die Geschäftsstelle des Schulamtes unterstützt die Stelle bei Bedarf in rechtlichen und pädagogischen Fragen. Mit dem so genannten „Seiteneinsteiger – Erfassungsbogen“ übermittelt die Stelle dem Schulamt die erhobenen Daten sowie einen Vorschlag über die bestmögliche Förderung des/der Jugendlichen.“

Nach Prüfung des Fördervorschlags der Stelle entscheidet das Schulamt, ob u. ggf. welche Schule das Kind besuchen soll oder auf welche andere Weise es auf eine spätere Berufsausbildung vorbereitet werden soll.

Somit sind die Erhebungen der Zuweisungen für den Primarbereich und den Sekundarbereich I unterschiedlich.

Im Primarbereich erhalten die Schulen die Zuzugsmeldungen von der Bürgerberatung. Die Stelle fragt zweimal im Jahr nach den Schülerdaten und die Schulen melden die Anzahl der Schüler/innen. Zudem werden auch Schulanfänger/innen, mit nicht ausreichenden Deutschkenntnissen (diese sind fast ausschließlich Ausländer- und Aussiedlerkinder), in der Seiteneinsteigerstatistik erfasst.

Im Sekundarbereich gelangen die Zuzugsmeldungen der Bürgerberatung direkt in die Stelle, so dass die Erhebung aus eigenen Daten erfolgt.

Die Ergebnisse werden in die Unterkapitel Primarbereich, Sekundarbereich I und Förderklasse aufgeteilt.

4.1 Primarbereich

Zunächst betrachten wir in der nächsten Abbildung die Gesamtzuweisungen von Ausländern und Aussiedler im Zeitraum von 1999 bis 2010.

Abbildung 14: Zuweisung von Ausländern und Aussiedlern in die Primarstufe in den Schuljahren 1999/2000 bis 2009/2010

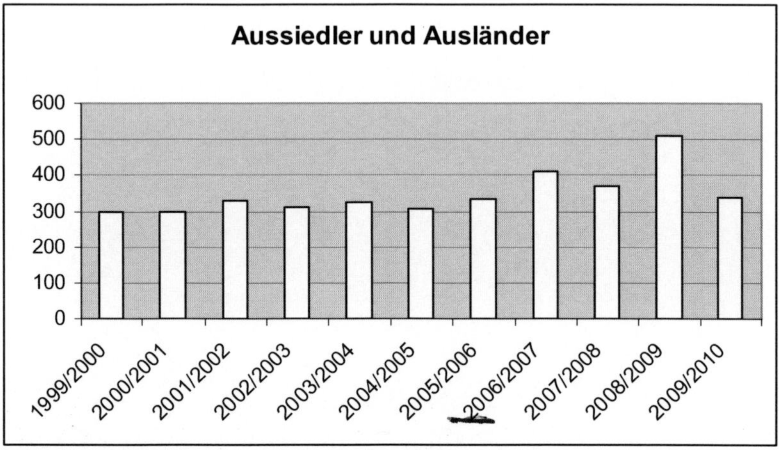

Quelle: Daten aus der Stelle

Bei Betrachtung dieser Abbildung sehen wir, dass es in den Jahren 2006/2007 bis 2008/2009 einen Anstieg nach oben gibt. Ansonsten liegt die Zahl der Seiteneinsteiger/innen immer knapp bei 300. Der Durchschnitt (Mittelwert) über die 11 Jahre liegt bei 348,45 Zuweisungen mit einer Standardabweichung[6] von 63,02. Die meisten Seiteneinsteiger/innen (510) gab es im Schuljahr 2008/2009. Im Schuljahr 2000/2001 gab es mit 297 Zuweisungen die bisher geringste Anzahl an Zuweisungen.

[6] Durchschnittliche Abweichung der einzelnen Werte vom Mittelwert (Durchschnitt).

In dieser Darstellung können wir zwischen Ausländern und Aussiedlern nicht unterscheiden. Deswegen unterscheiden wir in der nächsten Abbildung zwischen diesen beiden Gruppen. Betrachten wir zunächst die Ausländer.

Abbildung 15: Zuweisung von Ausländern in die Primarstufe in den Schuljahren 1999/2000 bis 2009/2010

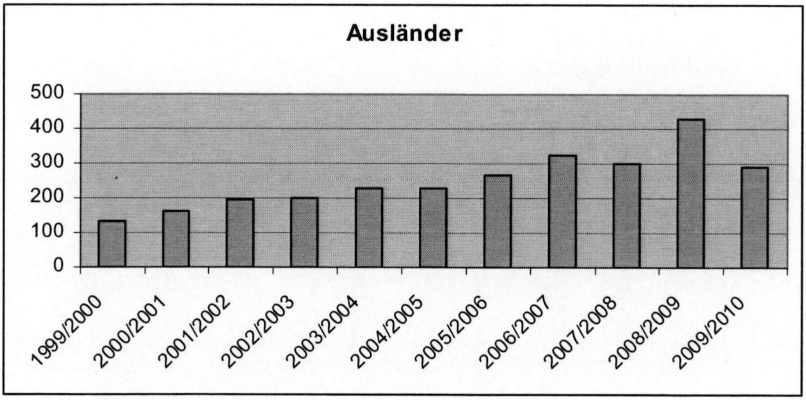

Quelle: Daten aus der Stelle

Hier wird ganz deutlich, dass die Anzahl der Ausländer steigt. Im Schuljahr 1999/2000 gab es nur 131 Zuweisungen. Das Maximum war im Schuljahr

2008/2009 mit 430 Zuweisungen. Nach diesem hohen Anstieg sind die Zuweisungen im Jahr darauf wieder gesunken auf 292 Zuweisungen. Der Durchschnitt für die Jahre 1999 bis 2010 liegt bei 251,18 und die Standardabweichung bei 83,74.

Für die Aussiedler sieht das ganze folgendermaßen aus:

Abbildung 16: Zuweisung von Aussiedlern in die Primarstufe in den Schuljahren 1999/2000 bis 2009/2010

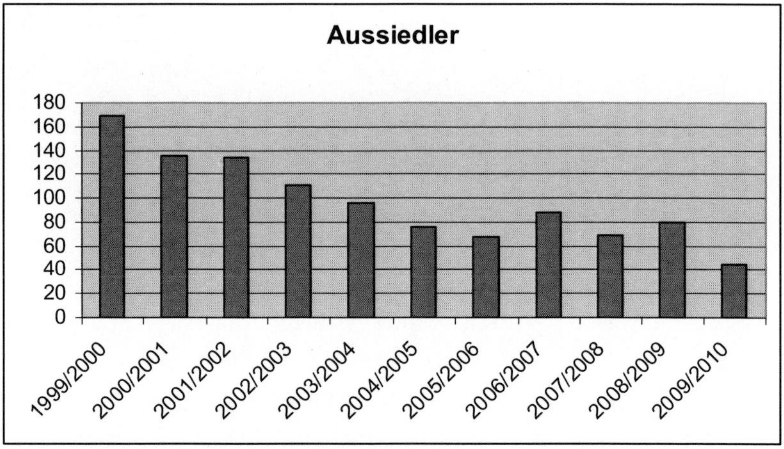

Quelle: Daten aus der Stelle

Während es im Schuljahr 1999/2000 noch 169 Zuweisungen gab, gab es im Schuljahr 2009/2010 nur noch 45 Zuweisungen. Diese sind also deutlich geringer als bei Ausländern. In den Schuljahren zwischen 2006/2007 und 2008/2009 stieg die Zahl zwar wieder, aber im Schuljahr 2009/2010 erreichten die Zuweisungen das bisherige Minimum in den letzten 11 Jahren. Es ist zu erwarten, dass diese Zahl sich im Bereich 30 bis 50 in den kommenden Jahren bewegt. Der Durchschnitt beträgt für die 11 Jahre 97,27 und die Standardabweichung 36,6.

Die Zuweisungen vom Schuljahr 1999/2000 bis 2009/2010 können im Anhang Monat für Monat nachgelesen werden.

4.2 Sekundarbereich I

Abbildung 17: Zuweisung von Ausländern und Aussiedlern (Gesamt) in den Schuljahren 1999/2000 bis 2009/2010 in die Sekundarstufe I

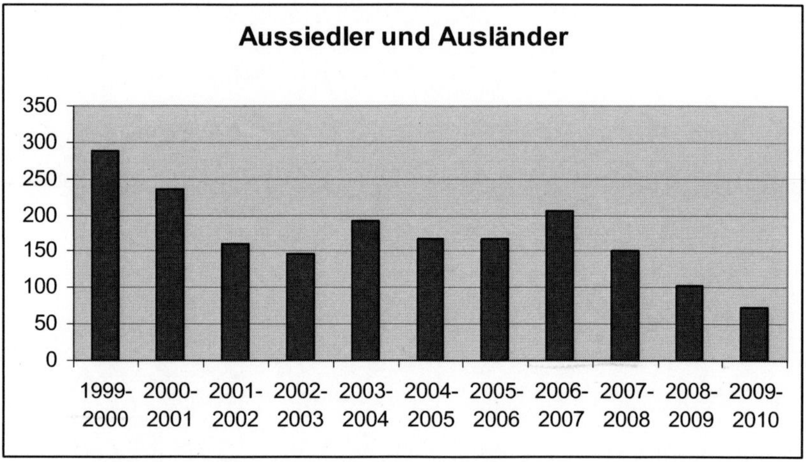

Quelle: Daten aus der Stelle

Die Zuweisungen in die Sekundarstufe I sind ebenfalls im Verlauf der Jahre gesunken. Seit 2006/2007 sinken die Zahlen konsequent. So gab es im Schuljahr 1999/2000 noch 289 Zuweisungen. Im Schuljahr 2009/2010 waren es dann nur noch 73 Zuweisungen. Der Durchschnitt der 11 Jahre beträgt 167,82. Die Standardabweichung beträgt 57,16.

Auch hier lohnt es sich Ausländer und Aussiedler getrennt zu betrachten.

Abbildung 18: Zuweisung von Ausländern und Aussiedlern in die Sekundarstufe I in den Schuljahren 1999/2000 bis 2009/2010

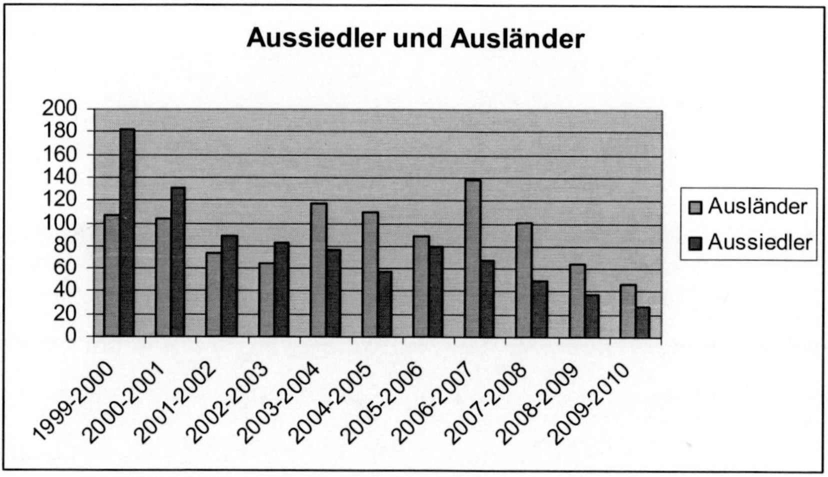

Quelle: Daten aus der Stelle

Wie bereits bei der Primarstufe I ist auch hier zu sehen, dass die Zahl der Zuweisungen der Aussiedler fällt. Während es im Schuljahr 1999/2000 noch 170 Zuweisungen waren, sind es im Jahre 2009/2010 nur noch 27 Schüler/innen. Der Durchschnitt liegt bei den Aussiedlern bei 75,55, die Standardabweichung bei 39,06. Es ist auch nicht zu erwarten, dass diese Zahl in den nächsten Jahren steigt, sondern sich im Mittel zwischen 20 und 40 Seiteneinsteigern/innen bewegt. Dass hat natürlich auch damit zutun, dass die meisten Aussiedler ihr Geburtsland schon verlassen haben.

Auch für die Ausländer ist ein deutlicher Fall seit 2007/2008 bemerkbar. Während die Zahl der Zuweisungen ab 2001/2002 stieg, fällt sie nun kontinuierlich nach unten. Dies kann mit wirtschaftlichen Problemen der Bundesrepublik zusammenhängen. Deutschland ist als Einwanderungsland nicht mehr attraktiv genug, sowohl für Aussiedler als auch für Ausländer. **Man muss bedenken, dass das Hauptmotiv der Einwanderer, nach Deutschland zu kommen, jahrzehntelang Arbeit war, also das, was jetzt zu fehlen scheint.** Zudem hat sicher auch der Asylkompromiss und die verschärften Einreiseregelungen einen erheblichen Einfluss auf diese

Entwicklung. Der Durchschnittswert beträgt in diesem Fall 92,27 und die Standardabweichung 27,09.

Interessant wird es, wenn wir uns die Zuteilung in Haupt-, Real-, und Gymnasium anschauen. Auch hier teilen wir nun die Zuweisungen in Aussiedler und Ausländer, um zu schauen, wie die jeweilige Gruppe auf die Schulen verteilt wird. Zunächst die Ausländer:

Abbildung 19: Zuweisung von Ausländern an die verschiedenen Schulen in der Sekundarstufe I in den Schuljahren 1999/2000 bis 2009/2010

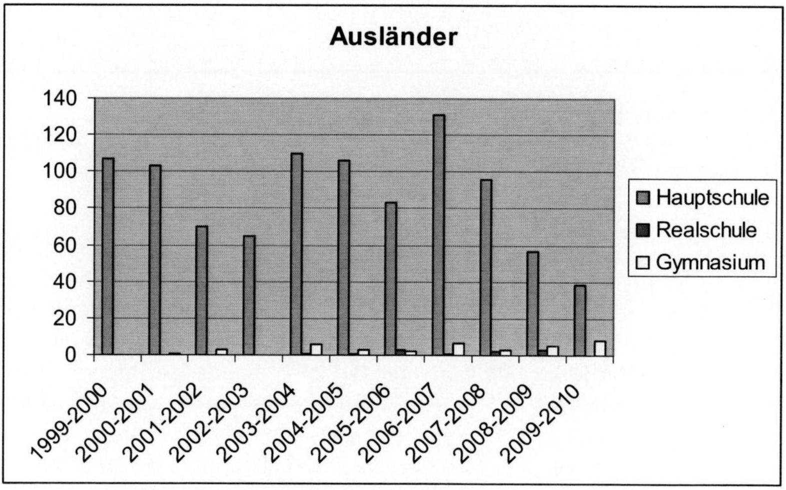

Quelle: Daten aus der Stelle

Die Zuweisungen in die Hauptschule sind der Regelfall. Mit Ausnahmen werden die Schüler/innen in die anderen Schulen verwiesen, wobei die Zuweisungen aufs Gymnasium noch höher sind als auf die anderen Schulformen. Von 1999 bis 2010 gab es insgesamt 1015 Zuweisungen von Ausländern, davon 963 (94,88%) Zuweisungen in die Hauptschule, 11 (1,08%) in die Realschule, 41 (4,04%) aufs Gymnasium und nur eine (0,1%) auf die Gesamtschule[7].

[7] Zu den Gesamtschulen muss eine wichtige Anmerkung gemacht werden: In der Stelle ist für die letzten 11 Jahre nur eine einzige Person als Seiteneinsteiger an der Gesamtschule registriert. Dies gibt natürlich nicht die Wirklichkeit wieder, da es auch Seiteneinsteiger gibt, die zwar aufgenommen werden aber nicht registriert werden. Allgemein kann man allerdings sagen, dass auf Grund der hohen Nachfrage für Gesamtschulen es schwer ist Schüler an Gesamtschulen unterzubringen. Da es aber hierzu keine verlässlichen Zahlen gibt, bedeutet dies jedoch nicht, dass die Schüler keine Aufnahme finden.

Nun die gleiche Abbildung für die Aussiedler:

Abbildung 20: Zuweisung von Aussiedlern an die verschiedenen Schulen in der Sekundarstufe I in den Schuljahren 1999/2000 bis 2009/2010

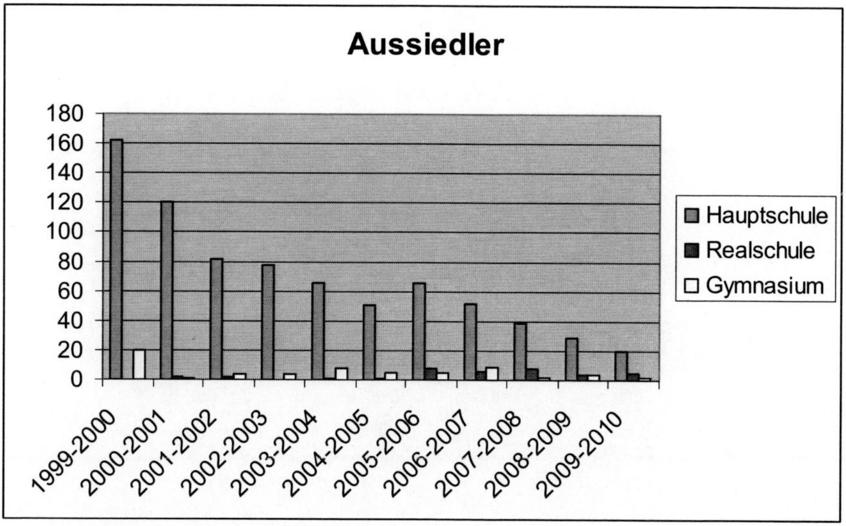

Quelle: Daten aus der Stelle

Für die Aussiedler sieht es nicht ganz anders aus. Von den insgesamt 831 Zuweisungen waren 726 (87,36%) in die Hauptschule, 41 (4,93%) in die Realschule, 64 (7,7%) aufs Gymnasium und keine einzige (0%) auf die Gesamtschule.

Noch einmal im Überblick mit Gesamtzahlen:

Abbildung 21: Zuweisung von Ausländern und Aussiedler an die verschiedenen Schulen in der Sekundarstufe I in den Schuljahren 1999/2000 bis 2009/2010

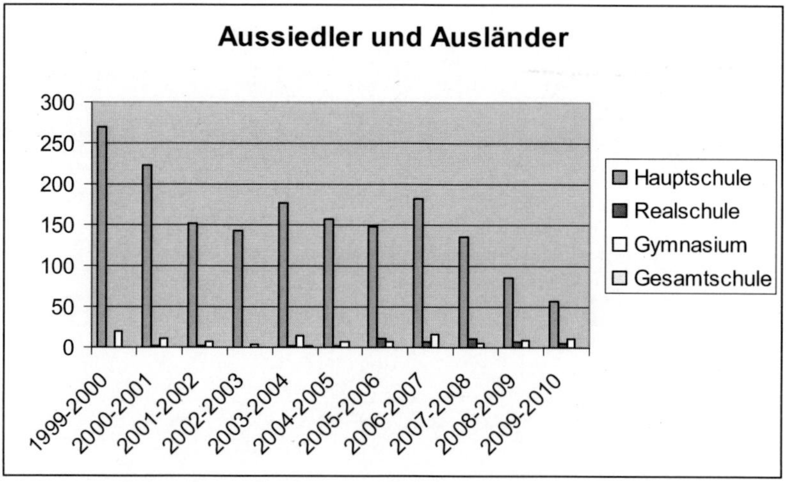

Quelle: Daten aus der Stelle

Insgesamt gab es von 1999 bis 2010 1846 Zuweisungen von Ausländern und Aussiedlern in die Sekundarstufe I, davon waren 1689 (91,5%) Zuweisungen in die Hauptschule, 52 (2,82%) in die Realschule, 105 (5,69%) aufs Gymnasium und nur eine

(0,05%) in die Gesamtschule. Die durchschnittliche Zuweisung pro Jahr liegt bei 167,82 Zuweisungen und die Standardabweichung beträgt 57,16.

Bei Betrachtung der absoluten Zahlen sehen wir, dass die Zuweisungen in die Hauptschule gesunken sind und die bereits niedrigen Zuweisungen in die anderen Schulen konstant geblieben sind. Im Schuljahr 1999/2000 gab es noch 265 Zuweisungen in die Hauptschule. 2009/2010 waren es nur noch 58. Für die Realschule gab es 1999/2000 nur 2 Zuweisungen, im Schuljahr 2009/2010 waren es 5. Auf das Gymnasium wurden im Schuljahr 1999/2000 12 Zuweisungen registriert. 2009/2010 waren es 10 Zuweisungen.

Der Durchschnitt der Zuweisungen für die Hauptschule beträgt 153,55, die Standardabweichung liegt bei 58,18. Für die Realschule beträgt der Durchschnitt 4,73 und die Standardabweichung 3,71. Der Durchschnittswert für das Gymnasium beträgt 9,55 und die Standardabweichung 2,91.

Im Anhang sieht man noch einmal die Verteilungen (Abbildungen 33-36) auf die Schulen in Einzeldarstellung.

4.3 Auffang-/Förderklassen

Auffang-Förderklassen sind als Einstiegsklassen zu verstehen, in denen Schülern/innen ohne oder mit nur geringen Deutschkenntnissen so lange gefördert werden, bis sie die deutsche Sprache so weit erlernt haben, dass eine Mitarbeit in der für sie in Frage kommenden Regelklasse möglich ist. So kann die Verweildauer in Auffang-/Förderklassen bis zu 2 Jahren dauern, sollte aber in der Regel 12 Monate nicht überschreiten (MSW, 2005, 14-01 Nr.3). Übergänge in andere Schulformen finden, wenn überhaupt, viel zu spät statt. Zudem muss man sagen, dass die ausländischen Familien verstärkt im innerstädtischen Bereich angesiedelt sind, so dass hier die schulischen Kapazitäten der Stadt kaum noch ausreichen.

Seit den 70er Jahren gibt es „Förderklassen“ in verschiedenen Formen. Insgesamt gab es im Schuljahr 2009/2010 an 7 Hauptschulen und 5 Grundschulen Auffang-/Förderklassen. Obwohl seit 1988 die Einrichtung von Förderklassen in allen Schulformen erlaubt ist und offiziell die Bezeichnung „schulformübergreifende Klassen“ benutzt wird, sind diese Klassen in der Stadt in der Sekundarstufe I nur in den Hauptschulen angegliedert. Dies hat mehrere Gründe. Zum einen hat das Schulamt in der Stadt nur für die Hauptschulen Weisungsrecht. Für die anderen Schulformen ist die Bezirksregierung zuständig. Zum anderen sind die Hauptschulen dazu verpflichtet, während die anderen Schulformen frei entscheiden können, ob sie die Schüler/innen nehmen oder nicht.

Die folgende Abbildung zeigt die Zuweisungen von Ausländern und Aussiedlern in die Förderklassen der Primarstufe I von August 2003 bis Mai 2010. Vor August 2003 sind die Daten sehr ungenau, da sie nicht komplett und richtig erfasst wurden. Daher werden diese Zahlen ausgelassen.

Abbildung 22: Zuweisungen von Ausländern und Aussiedlern in die Förderklassen der Primarstufe I von August 2003 bis Mai 2010

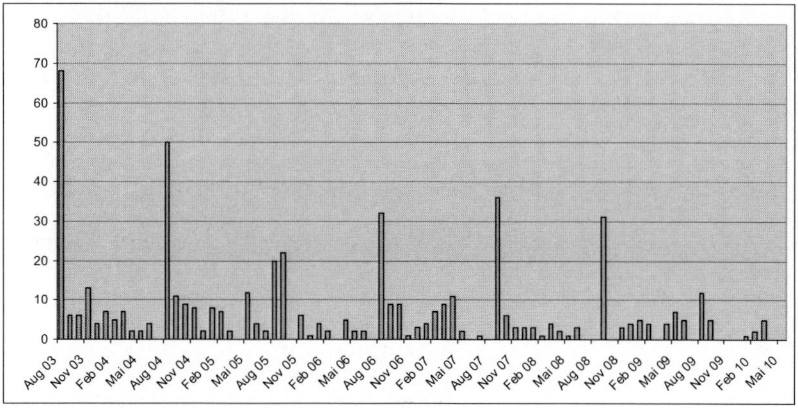

Quelle: Daten aus der Stelle

Die durchschnittliche Zuweisung pro Monat beträgt 6,76 und die Standardabweichung 31,08. Nur am Anfang eines Schuljahres (gelegentlich August) finden viele Zuweisungen in die Förderschule statt. Außerhalb dieser Zeit finden nur wenige Zuweisungen statt, in der Regel unter 10 Personen.

Daten über den Wechsel aus Auffang-/Förderklassen in die Regelschule liegen leider weder bei der Stelle noch im Amt für Schule und städt. Kinder- und Jugendhilfereinrichtungen vor. Auch Statistiken über die Zuweisung von Ausländern und Aussiedlern in die Förderklassen in der Sekundarstufe I existieren nicht, da sie nur in geringer Zahl vorkommen. **Fakt ist aber, dass von den Migranten, die in die Hauptschule eingewiesen werden, nur die Wenigsten irgendwann in eine andere qualitativere Schulform reinkommen.**

Als Fazit kann man sagen, dass die Zahl der Zuweisungen insgesamt abnimmt. Der Großteil dieser Zuweisungen führt in die Hauptschule. Im nächsten Kapitel werden wir mit Hilfe der soziologischen Literatur versuchen, dieses Phänomen etwas zu durchleuchten.

5.0 Soziale und ethnische Herkunft und ihr Einfluss auf Schulleistungen und Bildungschancen

Jedes Individuum strebt nach einem hohen sozialen Status, was parallel Anerkennung mit sich bringt. Durch einen hohen sozialen Status steigt die Lebensqualität. Diesen hohen Status erreicht man mit Bildung. „Bildung ist in der modernen Gesellschaft weiterhin eine wichtige Voraussetzung dafür, gesellschaftliche Chancen wahrzunehmen und soziale Risiken zu minimieren“ (Geißler, 2002, S.343). Nun ist hoher Status allerdings begrenzt verfügbar. Treffender als Luhmann hätte man es nicht formulieren können: **„Führungspositionen sind chronisch knapp**.“ So gilt offiziell das Leistungsprinzip als akzeptiertes Selektionskriterium, was Führungspositionen legitimiert. Die guten Plätze bekommen nur die Guten. Falls aber keine Chancengleichheit für alle geschaffen ist, falls also nicht alle die gleichen Chancen haben, „gut“ zu sein, ist das Leistungsprinzip als Selektionskriterium nicht legitim. Chancengleichheit bedeutet, dass ausschließlich nach dem Leistungsprinzip differenziert wird (Lange, 2004, S.86) und dass andere Merkmale, wie z.B. Herkunft oder Religion keine Rolle spielen.

So hat das Erziehungssystem die Aufgabe, alleine nach dem Leistungsprinzip zu differenzieren. Die gesellschaftliche Funktion der Schule ist also Selektion. Der Soziologe Schelsky sah die Schule daher als „zentrale Dirigierungsstelle für die Verteilung von Lebenschancen und attestierte ihr, im höchsten Maße sozial ungerecht zu wirken“ (Rolff, 2005; vgl. Schelsky, 1961). Auf diese Weise wird sie zu einem System, das soziale Ungleichheit produziert und indirekt unterschiedlich große Lebenschancen verteilt. Hohe Positionen werden geschlossen und sind nur Individuen mit passenden Bildungszertifikaten zugänglich (Groß, 2000, S.383). **Wissen wird also zum Schlüssel für die Zukunft.** Somit führt Nichtwissen und Nichtbeherrschen von Kompetenzen immer häufiger zu sozialer und beruflicher Ausgrenzung (Forum Bildung, 2001, S.30). Nach Max Weber (1980) kann jedes beliebige Personenmerkmal als Schließungsmittel eingesetzt werden. Falls aber das Erziehungssystem “Gleiche“ produzieren sollte, übernimmt das Beschäftigungssystem die Selektionsfunktion, z.B. mit Eingangsprüfungen, Bewerbungsgesprächen (Lange, 2004, S.86).

Laut PISA 2000 haben 20% der Migranten in Deutschland elementare Probleme beim Lesen. Nach Heilmann und Zitzelsberger werden Schüler/innen, die „in ihrer Entwicklung oder ihrem Lern- und Leistungsvermögen mindestens zeitweise so beeinträchtigt sind, dass sie am Unterricht in der Grundschule nicht mit genügendem Erfolg teilnehmen können“ (1987, S.220) in die Förderklassen verwiesen, wobei nicht geklärt ist, in welcher Weise diese Beeinträchtigung vorliegt.

Sicherlich gehören soziale und ethnische Herkunft nicht zu diesen Beeinträchtigungen. Trotzdem sehen wir in vielen Studien, dass gerade diese beiden Merkmale die Bildungschancen und Schulleistungen erheblich beeinflussen. Zahlreiche empirische Studien[8] wie auch PISA 2000 und 2003[9], zeigen, dass die soziale Herkunft in Deutschland wie in keinem anderen Land der Welt über die zukünftigen Lebenschancen der Kinder entscheidet. Zu Recht schreibt Gogolin (2002, S.154), dass das Bildungssystem Mechanismen enthält, die dazu führen, dass die „eigenen Staatsbürger“ bessergestellt sind als Menschen anderer staatlicher oder sprachlicher und kultureller Herkunft.

So werden die eigenen Staatsbürger/innen mit höheren Bildungsniveaus bzw. aus bildungsnahen Schichten systematisch bevorzugt und Kinder aus Migrantenfamilien oder auch Arbeiterfamilien bei der Einschulung in doppelt so hohem Umfang wie Kinder aus mittleren und oberen Schichten zurückgestellt (Deutsches PISA-Konsortium, 2001, S.359). Auch die Lehrerempfehlungen (beim Übergang von der Grundschule in die 5. Klasse) fallen zu Gunsten der

---

8 Siehe ausführlicher: Lange, 2004; Schimpl-Neimanns, 2000; Ericson, Jonsson 1996; Baumert, Schümer, 2002; Baumert, Watermann, Schümer, 2003

9 Hierzu: Deutsches PISA-Konsortium 2001, 2002 und 2004

bildungsnahen Oberschicht aus. Um es einmal salopp zu formulieren: **Schreibt ein/e Schüler/in aus der Oberschicht eine “fünf“ wird es als faul eingestuft. Die gleiche Note ist bei einem/r Schüler/in aus der Unterschicht ein Anzeichen für “Dummheit“** (Lange, 2004, S.111). Faulheit kann korrigiert werden, Dummheit nur schwer.

Die Gymnasialempfehlungen bestätigen diese Befunde: Die Chance eines Jugendlichen aus den höheren Schichten, das Gymnasium anstelle einer Realschule zu besuchen, ist fast 6mal so hoch wie für Jugendliche aus der Unterschicht (Deutsches PISA-Konsortium, 2004, S.246). Diese Gymnasialempfehlung hängt sehr stark von der Sozialschichtzugehörigkeit der Bezugsperson ab (BMBF, 2004, S.41). In Iglu konnte festgestellt werden, dass die Chance eines Gymnasialbesuchs für ein Kind eines Managers bei gleicher Leistung 2,63mal höher ist, als für ein Arbeiterkind (vgl. Bos u.a., 2003). In der Tat ist festzustellen, dass der erreichte Schulabschluss stark von der sozialen Herkunft abhängt.

PISA 2003 stellt auch ganz klar dar, dass je besser die Eltern gestellt sind (berufstätig, hoher Abschluss, kulturell und ökonomisch gut), desto höher die Bildungschance ihrer Kinder ist. So wird angenommen, dass Jugendliche, deren Eltern gering verdienen oder geringe schulische und berufliche Qualifikationen haben, im Laufe ihrer Entwicklung Benachteiligung erfahren werden. Und diese Kinder erreichen geringe schulische Ergebnisse, beteiligen sich weniger an schulischen und außerschulischen Aktivitäten und Verlassen die Schule früher (Deutsches PISA-Konsortium, 2001, S.247).

Wenn wir nun diese Erkenntnisse mit unseren Ergebnissen aus den vorigen Kapiteln vergleichen, stellen wir fest, dass Migranten in diesem Fall besonders hart getroffen sind. Das Problem der Spätaussiedler ist z.B., dass sie zwar meistens einen deutschen Pass haben, aber häufig sehr wenig Deutsch sprechen. Das Problem der Ausländer liegt hier an zwei Faktoren (Block, Klemm, 2005): „Sie sind Minorität und Unterschicht zugleich." Dies hat zur Folge, dass Migranten überproportional in Sonder- und Hauptschulen und unterproportional in Realschulen und Gymnasien vertreten sind.

So werden „Sprachliche Defizite“ zu Problemen für die Migranten. Mecheril (2004, S.158ff) hierzu: „Fehlende Deutschkenntnisse stellen nach dem Schulrecht keinen legitimen Grund für die Überweisung auf die Sonderschule für Lernbehinderte dar, und im Zweifelsfall sind laut Schulrecht Kinder an Regelschulen zu belassen. So es aber organisatorisch geboten ist, können Schulen fehlende Deutschkenntnisse unter Umgehung schulrechtlicher Erlasse zum Entscheidungskriterium beim Sonderschulaufnahmeverfahren machen.“ Es darf also offiziell nicht mehr passieren, dass die Zuweisung der Migranten in die Förderschule alleine schon durch die fehlende Kenntnis der deutschen Sprache erfolgt. **„Sprachliche Defizite“ dürfen nicht als „Lernbehinderung“ behandelt werden.** Allerdings wird ihnen gerade dieses Defizit zum Problem. „Kinder, die die deutsche Sprache nur unzureichend beherrschen, haben erheblich geringere Chancen, weiterführende Schulen, insbesondere die Gymnasien zu besuchen, und gute Schulleistungen zu erzielen“ (Lange, 2004, S.61ff).

Hier zwei der hunderten von Beispielen, die bei der Stelle registriert sind:

Eine ausländische Frau berichtet: *„Meine Tochter hatte in der vierten Klasse ein Zeugnisdurchschnitt von 1,7. Ihr Lehrer hatte uns empfohlen, unser Kind auf ein Gymnasium zu schicken. Der Rektor des Gymnasiums in unserer Nähe war aber anderer Meinung. Unsere Tochter würde 'Probleme mit der deutschen Sprache' bekommen. Auch den Lehrer konnte er damit überzeugen. Unsere Tochter geht nun auf eine Realschule, weil wir einfach zu wenig Kenntnis vom Schulsystem haben und uns nicht wehren konnten!“*

Ein ausländischer Mann erzählt: *„Vor ca. 10 Jahren sollten meine zwei Söhne auf die Sonderschule [...] weil sie angeblich nicht gut Deutsch konnten. Ich habe dies nicht akzeptiert und meine Söhne in die Türkei* *geschickt. Jetzt ist einer meiner Söhne Arzt und der andere Rechtsanwalt.“*

Diese und viele andere Fallbeispiele zeigen, dass vielerorts nicht die Intelligenz entscheidet, sondern die deutsche Sprache. Sie ist ausschlaggebend für die Einweisung in eine bessere Schule.

Gleichzeitig ist die Förderung in verschiedenen Schulformen sehr unterschiedlich. In einer besseren Schule wird man besser gefördert. Die Leseleistung wird z.B. im Gymnasium viel stärker gefördert als in anderen Schulen. Auch die Intelligenzentwicklung steigt im stark geförderten Gymnasium. So ist hier ein doppelter Effekt zu sehen:

Die Schulleistung hängt ab von

a) der sozialen und ethnischen Herkunft und

b) der Art der besuchten Schule.

Diese Sortierung in die verschiedenen Schulformen im frühen Alter hat einen negativen Effekt auf die Leistungen. Die Selektion findet zu früh statt. „Je früher die Auslese von Schülern stattfindet, desto stärker ist die Produktion beziehungsweise Reproduktion von sozialer Ungleichheit“ (Rolff, 2005). So sieht der Soziologie Elmar Lange (2004, S.113) diese frühe Übergangsentscheidung nach der 4. Klasse als eine „wesentliche Ursache für die sehr starke schichtspezifische Reproduktion sozialer Ungleichheit in Deutschland“. Die Kinder werden dadurch früh beeinflusst und die Chancen, weiterführende Schulen zu besuchen, sind für Arbeiterkinder dann doppelt so gering. Parallel dazu beeinflusst die schulische Karriere die berufliche Karriere ebenfalls.

Zudem ist die Schulkultur Mittelschichtnorm orientiert. Die Kriterien für Schulerfolg orientieren sich an der Elitekultur (Schimpl-Neimanns, 2000, S.639). Von Kindern aus der Unterschicht wird dadurch eine außerordentlich belastende soziale Anpassungsleistung erfordert. Denn zu Hause herrscht die Unterschichtnorm, in der Schule die Mittelschichtnorm (Lange, 2004, S.108ff). Kinder aus bildungsfernen Milieus sind dadurch den Anforderungen des Bildungssystems nicht gewachsen und können diesem Konflikt nicht standhalten. Desorientierung und Demotivierung sind das Resultat dieses Konfliktes, was wiederum zu schlechten Schulleistungen und zur Gleichgültigkeit der Bildung führt. Somit bestimmen nicht die tatsächlichen Fähigkeiten den Schulerfolg, sondern die soziale Passung mit den „mittelschichtorientierten" Leistungskriterien (Grundmann, 1999, S.346).

Während also Eltern der Oberschicht ihre Kinder mit kulturellem, ökonomischem und sozialem Kapital (vgl. Bourdieu, 1983) fördern, fehlen den Unterschichtfamilien diese Ressourcen. So formuliert Geißler (2002, S.357): **„Der Widerstand der oberen Schichten gegen den sozialen Abstieg ihrer Kinder ist stärker ausgeprägt als der Wille der unteren Schichten zum Aufstieg."** So ist die Angst der Mittel- u. Oberschichteltern, den eigenen Status durch einen niedrigen Schulstatus ihrer Kinder zu verlieren, größer als die Hoffnung der Unterschichteltern, ihren eigenen Status durch einen hohen Schulstatus ihrer Kinder zu erhöhen (Lange, 2004, S.113). Denn ein hoher Schulabschluss bedeutet zugleich auch höhere Kosten.

Damit es nicht missverstanden wird: Es ist nicht das Individuum, z.B. der/die Lehrer/in oder der/die Schulleiter/in, der/die diskriminiert, sondern das „Netz von Institutionen" (Bommes, Radtke, 1993, S.496). So erhalten bestimmte soziale Gruppen in spezifischen institutionellen Arrangements systematisch weniger Belohnungen, als klar identifizierbare Vergleichsgruppen (Gomolla, 1998, S.129). Geißler (2002, S.354) bezeichnet dies als leistungsunabhängiger sozialer Filter, der im Bildungssystem wirksam ist.

Diese diskriminierenden Mechanismen setzen sich jenseits bewusster Intentionen der Handelnden durch. Sie sind in die Strukturen der Schule eingebaut; genauer: Ethnische Diskriminierung ist in den Prozess des Organisierens von Schule eingebaut und wird nach Opportunität benutzt (Lentz, Radtke, 1994, S.190).

Es sind also diese unbewussten Mechanismen institutionalisierter Diskriminierung[10] im System, die abgebaut werden müssen.

[10] Siehe ausführlicher: Radtke, 1996; Gogolin, Radtke, 2000; Gomolla 1998, Gomolla, Radtke, 1999; Gogolin, 2002

6.0 Integrationsparadox und Paradigmenwechsel

Eine Gesellschaft besteht aus verschiedenen Individuen, die unterschiedliche Denkmuster und -richtungen haben. Dies ist mehr als selbstverständlich und normal. Eine Gesellschaft ist dann stark, wenn diese verschiedenen Denkrichtungen und Unterschiedlichkeiten zu einer Einheit zusammenkommen. Es ist nicht nötig, dass die Unterschiedlichkeiten von jedem Individuum geteilt werden, lediglich die Toleranzbereitschaft reicht hierfür aus. **Doch nur Diejenigen können tolerant zu anderen sein, die ihre Identität unzweifelhaft gewonnen haben und somit einen stabilen Rückhalt im Eigenen besitzen. Intoleranz und Gewalt übt oft derjenige aus, der eigene Zweifel nicht überwinden konnte und sie so fanatisch unterdrücken muss!**[11]

---

[11] Dass soll nicht heißen, dass Jugendliche aus Zuwandererfamilien, die Zweifel an der eigenen Identität haben, eher zu Intoleranz und Gewalt neigen. Die Herkunftsfamilie spielt dabei keine Rolle.

Daher ist es wichtig, dass jedes Individuum die Chance bekommt, sich selbst zu entfalten, um eine stabile Identität zu gewinnen. Dies geschieht zumeist in der Jugendzeit. Als Jugendlicher ist man auf der Suche nach einer Identität, die einen bis zum Ende des Lebens begleitet. Auch wenn sich viele dieser Suche nicht bewusst sind. Die Entstehung der Identität entwickelt sich schon im Kindesalter. Die Sozialisation eines Kindes beeinflusst seine Identitätsbildung. Daher spielen die Eltern in diesem Punkt eine gewichtige Rolle. Der „Einflusskuchen" wird aber mit steigendem Alter von anderen Faktoren belegt. Der Einfluss der Eltern sinkt, der Einfluss von externen Faktoren, wie z.B. Freunde, Schule, Autoritätspersonen, Idolen steigt.

Die Schulbildung und der Karriereweg eines Jugendlichen sind die festigenden Steine auf dem Weg der Identitätsbildung. In dieser Phase ist es wichtig, dem Jugendlichen eine Chancengleichheit in der Bildungs- und Berufswelt zu garantieren. **Soziale und ethnische Herkunft dürfen dabei keinen Einfluss auf Bildungschancen haben. Jedes Individuum, gleich**

welcher Weltanschauung, muss die gleichen Zugangschancen haben. Eine Diskriminierung auf diesem Gebiet, schadet nicht nur dem Jugendlichen selbst, sondern auch schlussendlich der Gesellschaft.

Ein Exkurs in die Medizin: Nach Freidson (1979, S.141) ist „das Ziel des praktischen Arztes nicht Wissen, sondern Handeln. Am liebsten möchte er erfolgreich handeln, aber selbst ein Handeln mit sehr wenig Aussicht auf Erfolg wird dem völligen Nichthandeln noch vorgezogen.“ Der Arzt ist dazu verpflichtet, dem Patienten zu helfen. Voltaire soll einmal gesagt haben: **„Ärzte schütten Medikamente, von denen sie wenig wissen, zur Heilung von Krankheiten, von denen sie weniger wissen, in Menschen, von denen sie nichts wissen.“** So stehen die Interessen des Patienten vor den eigenen Interessen. Der Arzt muss zwar kein Erfolg garantieren, aber eine Bemühung um die Erhaltung oder Wiederherstellung der Gesundheit oder um Verminderung des Leidens ist eine unschriftlich gegebene Garantie. Eine wesentliche Aufgabe dabei ist es, der Krankheit des Patienten einen Namen zugeben.

Dies ist außerordentlich wichtig. So zeigt der Arzt dem Patienten, dass er das Problem erkannt hat und nun versuchen wird, dieses Problem zu lösen. Daher kann der Arzt zunächst einmal mit der Gesundheit nichts anfangen. „Nur Krankheiten sind für den Arzt instruktiv, nur mit Krankheiten kann er etwas anfangen. Die Gesundheit gibt nichts zu tun, sie reflektiert allenfalls das, was fehlt, wenn jemand krank ist" (Luhmann 1990, S.197).

Nun, was hat das ganze mit Integration zu tun? Durch die Aufstände im Winter 2005 in Frankreich erscheint plötzlich die Krankheit „großes Migrationsproblem" in ganz Europa. Politik und Medien stürzen sich auf diese Problematik. In allen Kommunen werden daher Integrationsämter, Integrationsbeauftragte, Integrationskonzepte usw. verabschiedet. Alles, was mit Integration zu tun hat, ist positiv. Integration ist jetzt In. Es ist fast wie eine Modeerscheinung.

So entwirft der Integrationsdiskurs, der sich in einem Teufelskreis zu drehen scheint, immer wieder neue

Begriffe, um sich dem „Problem der Migration“ zu nähern. Dabei werden, ähnlich wie Ärzte (siehe oben) Begriffe neukonstruiert, um Sachlagen und Tatsachen zu beschreiben. Es werden dauernd neue Begriffe eingeführt, oder alte Begriffe ersetzt, um zu zeigen, „Wir haben das Problem erkannt. Jetzt können wir es beseitigen“. Anstelle des Begriffes „Migranten“ wir z.B. die Bezeichnung „Menschen mit Zuwanderungsgeschichte“ verwendet. Denn das Wort „Migranten“ ist veraltet. Man konnte keine Lösungen für Migranten finden. Also führt man einen neuen Begriff ein. **Dies sind Begrifflichkeiten, die das eigentliche Problem verblassen lassen. So haben Schlagwörter wie „Integration“, „Migration“ und „Parallelgesellschaft“ schon ein Eigenleben entwickelt.**

Allgemein wird Integration verstanden als ein „Prozess, bei dem verschiedene Teile zu einem neuen Ganzen zusammengefügt werden“ (Meißner, 2003, S.138). Es ist die Entstehung von gleichgewichtigen Interdependenzen zwischen Personen und Gruppen, was man unter Integration versteht (Esser, 2003, S.3). Minderheit und Mehrheit treffen aufeinander. Es entsteht ein Prozess des Austauschs, dessen Ergebnis eine Gesellschaft ist, die an kulturellem Reichtum gewonnen hat. „Ziel der Integration ist die gleichberechtigte wirtschaftliche, gesellschaftliche, politische und kulturelle Teilhabe der Zuwanderer in der aufnehmenden Gesellschaft" (Meißner, 2003, S.139). Nach dem Soziologen Hartmut Esser (1980, S.213) „gelingt" dieser Prozess nur dann, wenn kognitive, strukturelle, soziale und identikative Integration in den Blick genommen werden. Luhmann dagegen, benutzt den Begriff der Integration gar nicht und ersetzt ihn mit Inklusion/Exklusion (Luhmann, 1995). Er geht davon aus, dass eine Integration in funktional, differenzierte Teilsysteme nicht möglich ist. Stattdessen findet eine Inklusion, also „Teilnahme von Personen an den jeweiligen Leistungen der ausdifferenzierten gesellschaftlichen Teilsysteme und Organisationen" (Peukert, Scherr, 2003, S.154), oder eine Exklusion, die Nichtteilnahme, statt.

Mal abgesehen davon, welche Probleme die Semantik Integration herbringt und dass es genauso viele Definition von Integration gibt, wie viele Menschen es gibt, wird in der Gegenwart eine neue, eben genannte, Semantik erstellt: Gelungene Integration.

Vielerorts wird dieser neue Begriff „gelungene Integration“ oftmals mit Erlernen der Sprache und „Mitbeteiligung“ (was immer das auch sein mag) an der Gesellschaft gleichgestellt. Viel schwieriger wird es, wenn man versucht das Gegenteil, nämlich „ungelungene Integration“, zu definieren. Hier macht der Diskurs erst einmal halt. Denn es wäre tödlich, die Nichtkenntnis einer Sprache als ungelungene Integration gleichzustellen.

Tatsächlich habe ich die Frage nach der „ungelungenen Integration“ auf einer wichtigen „Integrationsveranstaltung“ gefragt. Die Leiterin hat sofort blockiert, dies wäre doch nicht unser Thema, sondern gelungene Integration. **Fraglich ist, wie man**

gelungene Integration verstehen soll, ohne zu wissen, was ungelungene Integration ist.

Neben dem Semantik-Problem ist die eben erwähnte „Mitbeteiligung“ ein weiteres Paradox des Diskurses. Die „Mitbeteiligung an der Gesellschaft“ ist ein Phänomen, das von Niemandem so wirklich verstanden wird. Es ist eher ein abstrakter Begriff. Für die Einen ist die Teilnahme „das Tragen eines Deutschlandtrikots“ für die Anderen „Verzehr von deutschen Speisen und Gerichten“. In der Tat wurde in den 90er Jahren den Aussiedlern aus Russland in einem Fragebogen abgefragt, was sie zu Hause für Essen kochen. Dies sollte als Anzeichen für die deutsche Abstammung gelten. Wer also viel Kartoffel zu Hause hatte, galt als Deutscher!

Nun kann man nicht nur von „Mitbeteiligung“ sprechen, sondern auch von „Ausschließung“. Ein großer Teil der Migranten (z.B. Kopftuchtragende Frauen) wird von der Gesellschaft ausgeschlossen. Sie haben keine Möglichkeiten an der „Beteiligung“ in ihrem sozialen

Umfeld. In dem man diese Menschen systematisch aus Bildung und Politik ausschließt, lässt man zu, dass diese sich abgrenzen. **Menschen mit Qualifikationen werden aus illegitimen Gründen wie Kopftuch vom Berufsleben entfernt.** Zu Recht schreibt die Journalisten Ulla Jelpke (Junge Welt; hier zitiert aus Jelpke, 2006, S.42): „Gebildete Frauen, die ihre islamische Tradition praktizieren, werden dadurch einem Berufsverbot ausgesetzt, ihrer ökonomischen Existenz beraubt und in die Abhängigkeit von ihren Familien zurückgedrängt. Zugleich wird aber lautstark die fehlende Unabhängigkeit von Musliminnen beklagt. Diese staatliche Repression trifft genau die Schwächsten, nämlich die in islamischer Tradition stehenden Frauen, die ohne das Kopftuchverbot ihr eigenes Glück schmieden könnten.“ **Das Kopftuchtragende Lehrerin nicht unterrichten dürfen ist das gleiche, als würde man Jemandem einen Führerschein geben und ihm sagen, dass er nicht auf der Straße Auto fahren darf, sondern nur auf einem Testgebiet!**

Diese Ausgeschlossenen schließen sich nun in einem zweiten Schritt selber noch einmal aus und sehen (jedenfalls die deutsche) Integration eher als Assimilation, was ein weiteres Paradox zur Integrationspolitik ist. Diese Tatsache wird aber von der Politik und besonders von den Medien (teilweise bewusst) übersehen, so dass dieses Phänomen einfach als „Verweigerung gesellschaftlicher Teilhabe" bezeichnet wird. **Sie schieben die Schuld also denen zu, die sie selber aus der Gesellschaft und der Politik permanent ausschließen.** „Kulturkonflikt" oder „Leben zwischen den Welten" sind die Argumente, die benutzt werden, um zu externalisieren (in Bezug auf Bildung siehe Radtke, 1996). So wird z.B. **die muslimische Kultur als Fremdkörper aus unserer Gesellschaft ausgegrenzt.** Es werden zunehmend mehr Parallelgesellschaften produziert, obwohl man diese doch bekämpfen wollte.

Beispiel für dieses Paradox: Die Erlaubnis für Moscheebauten wird nur sehr bedingt erteilt. Deshalb ziehen sich die Muslime zurück und eröffnen

„Hinterhofmoscheen“, die dann als Zeichen einer Parallelgesellschaft gedeutet werden.

Um dieses große Komplex des Integrationsparadoxes so einfach wie möglich zu beschreiben:

1.) Gastarbeiter, Migranten kamen nach Deutschland.
2.) **Sie wurden nicht als Gäste gesehen, sondern als Maschinen, aus denen Nutzen gezogen werden konnte**. Sie waren also wichtige Wirtschaftsfaktoren, die man ausbeuten konnte (eine Legitimation dafür findet man im Sozialdarwinismus).
3.) Sie hatten keine Chance, sich zu integrieren.
4.) Da sie sich nicht integrieren konnten, schrieb man ihnen Feindlichkeit, Andersartigkeit, Desinteressiertheit und Gleichgültigkeit an der Mehrheitsgesellschaft zu.
5.) Nun versucht die Politik sie doch zu integrieren, da sie sonst zu einem „Problem“ werden.
6.) **Diese Integration ist aber keine Anpassung mehr, sondern eher eine Aufgebung der**

eigenen Identität und Aufnahme einer völlig neuen, nämlich der deutschen Identität. Also eine Assimilationspolitik. (Man sollte sich mal die psychologische Situation dieser Menschen vorstellen. Teilweise müssen Russlanddeutsche ihre Namen ändern, weil diese nicht Deutsch klingen. Namen sind Identitäten. In dem sie abgelegt werden, beginnt eine neue Identität. Dadurch kommen viele Jugendliche in eine Identitätskrise und werden ein Problem für die Gesellschaft. **Nun wirft man diesen Menschen vor, sie würden sich nicht integrieren, obwohl man ihnen jede Chance zur Integration weggenommen hat.**)

Ein anderes Problem, dessen Quelle zum größten Teil die Medien sind, sind die Skandalisierungen von Migrantenproblemen. So wird ein verzerrtes Bild der Realität wiedergegeben (z.B. Thema „Zwangsheirat oder Ehrenmord im Islam"; obwohl im Islam eindeutig Zwangsehe und Ehrenmord verboten sind, wird dies als ein Teil des Islams gezeigt). Lebensrealitäten von

Migranten werden dabei völlig ignoriert und unter unangemessenen Headlines subsumiert. Diese einseitige und verallgemeinernde Problematisierung von Eingewanderten „wirkt sich negativ auf das Verhältnis von Mehrheit und Minderheit aus und hat einen kontraproduktiven Effekt in Bezug auf die Integration“ (Leiprecht, Lutz, 2006, S.9). **Lebenszusammenhänge werden auf das Extreme beschränkt. Skandale werden gefeiert** (siehe Necla Kekek, Seyran Ates oder Yaan Hirsi Ali).

Die Gesellschaft wird dichotomisiert in „wir“ und „sie“ (Broden, 2006, S.8). „Wir“, das sind sie Abendländer aus dem Okzident. „Sie“, sind die Morgenländer aus dem Orient, die belehrt, aufgeklärt und von ihrer Unwissenheit befreit werden müssen. Diese beiden künstlichen Gruppen, werden als „einheitliche und unveränderbare Größen“ (Leibrecht, Lutz, 2006, S.10) dargestellt.

Es wäre ein Fehler, einen Teil der Gesellschaft auszuschließen und somit wichtige Ressourcen und

Potentiale zu verschwenden. **Daher ist ein wichtiger Paradigmenwechsel nötig**, um eine gesunde und positive Zukunft bereitzustellen. Erst wenn wir verstehen, dass z.B. nicht das, was **auf** dem Kopf ist zählt, sondern das, was **im** Kopf ist, werden wir eine friedliche Basis für unsere Gesellschaft erreichen können.

Weiterhin muss gewährleistet werden, dass jedes Individuum, gleich welcher Weltanschauung, Religion, Kultur, Ethnie oder Ideologie, wegen dieser nicht benachteiligt oder ausgeschlossen wird. Gegenseitige Akzeptanz, Toleranz und Verstehen sind hier Notgüter, auf die nicht verzichtet werden darf.

Auch dürfen die Unterschiedlichkeiten nicht hervorgehoben werden, sondern die Gemeinsamkeiten. Die Unterschiedlichkeiten, die es gibt, müssen produktiv und effektiv in der Wirtschaft und Politik umgesetzt werden. Dass dies klappt, zeigt uns die Sportwelt.

Es muss akzeptiert werden, dass Kriminalität, Terrorismus oder ähnliche negativen Aspekte weder ethnisch noch religiös bedingt sind. **Dass jemand kriminell ist, klaut oder viel lügt, liegt nicht an den Genen, sondern an der falschen Sozialisation.** Daher darf keine Gruppe mit billigen Klischees beschuldigt werden.

Die größte Aufgabe wird hier gewiss den Politikern und den Medien teil, die in der Lage sind, eine Umgestaltung in der Gesellschaft zu verwirklichen.

Solange kein gleicher und gerechter Zugang zu gesellschaftlichen Gütern, wie z.B. die Bildung (siehe diese Problematik ausführlicher: Lange, 2004; Baumert, Watermann, Schümer, 2003; Bommes, Radtke, 1993; Gogolin, 2002; Gomolla, 1998; Gomolla, Radtke, 2000; Radtke, 1996; Lange, 2004; Baumert, Watermann, Schümer, 2003; Sahinöz, 2006; Sahinöz 2007), gewährleistet wird und Chancen vorenthalten werden, werden sich die Migranten immer wieder fragen: „Wem sollen wir uns integrieren? Sie geben uns keine Wohnungen, keine Arbeit und keine Bildung".

Integration bedeutet, dass sich alle Menschen in einem Land “Zugehörig“ fühlen. Und das ist kein Endzustand, sondern ein Prozess. Ein Prozess, der vor der Haustür beginnt. Daher ist die Rolle der Kommunalpolitik sehr wichtig. Sie ist es, die die Integration in Deutschland vorantreiben kann. Dass dies sehr gut gelingt, sieht man in vielen Kommunen.

So darf die Migrationsdebatte nicht ideologisch und emotional geführt werden, da sie sonst zu einer Sackgasse führt, dass permanent “Parallelgesellschaften“ produziert. Eine multikulturelle Gesellschaft sollte nicht das Ziel sein, sondern interkulturelle Gesellschaft sollte das Ziel sein. Multikulturell bedeutet das Existieren von verschiedenen Kulturen nebeneinander. Interkulturell ist die Schnittmenge, die entsteht, wenn man beide betrachtet.

Daher sehe ich eine Gesellschaft vor mir, in der es nicht mehr um die ethnische Herkunft geht. In der Menschen nicht nach ihrer sozialen und ethnischen Herkunft getrennt, bewertet und bezeichnet werden. **Den**

“Clash of the Civilizations“ braucht kein Mensch. Was wir brauchen ist der “Friendship of the Civilizations.“ Daran müssen wir arbeiten. Alle!

7.0 Fazit

Die Statistiken zeigen es. Die Zahl der Seiteneinsteiger/innen nimmt ab. Jedoch nicht die Problemlage. Wenn man auf die Bedürfnisse der Kinder im Unterricht eingehen will, muss man versuchen, möglichst viel über die Kinder und ihre Familie zu erfahren. Diese Informationen müssen an die aufnehmenden Schulen weitergegeben werden. Es ist also eine engere Kooperation der Schulen mit den Behörden und gleichzeitig zwischen den Behörden und den Familien notwendig. So können die Behörden als Schnittstelle zwischen Schule und Familie dienen.

Die Situation in den Förderklassen ist unterschiedlich. Hier sollten Ziele klar analysiert und umgesetzt werden. Die Ziele sollten sein:

- **Einbeziehung aller Schulformen:** Auffang-/Förderklassen gibt es in der Stadt in der Sekundarstufe I derzeit nur in Hauptschulen. Die anderen Schulformen müssen hierfür sensibilisiert und konzeptionell einbezogen werden. Andernfalls ist der Übergang zur Realschule oder zum Gymnasium nur sehr bedingt möglich. Viele intelligente und erfolgreiche Seiteneinsteiger/innen verbleiben auf der Hauptschule. Dies führt zu Leistungs- und Motivationsabfällen.

- **Verkürzung der Dauer:** Durch intensive Förderung muss die Dauer der Förderklassen reduziert werden. In der Regel sollten 12 Monate nicht überschritten werden.

- **Frühere Integration in Regelklassen:** Die Schüler/innen in den Förderklassen müssen rechtzeitig in die Regelklassen zugewiesen werden, sonst entsteht eine zu große Bildungslücke bei den Schülern/innen, die jahrelang die

Förderklasse besuchen und dann in die Regelklassen verwiesen werden.

- **Einrichtung eines "Förderzentrums":** Es ist eine Ausgestaltung einer Neukonzeption der Seiteneinsteigerbeschulung notwendig. Dazu kann ein Förderzentrum mit Partnern aus allen Schulformen eingerichtet werden. Nur so kann der Überhang in die Regelschulen erleichtert werden.

Wichtig ist, dass gleicher Zugang zu gesellschaftlichen Gütern, wie z.B. Bildung, notwendig ist. Falls Chancen vorenthalten werden, ist eine Integration in die Gesellschaft nicht möglich. **Chancenvorbehalt ist eine Ausgrenzung und wird auch so von den Migranten gesehen.** Diese Ausgeschlossenen haben keine Möglichkeiten an der „Beteiligung" in ihrem sozialen Umfeld. In dem man diese Menschen systematisch aus Bildung und Politik ausschließt, lässt man zu, dass diese sich abgrenzen. Auf

Dauer führt dies zu Formung von Parallelgesellschaften, die weder im Sinne der Politik noch der Migranten sind.

Selbstverständlich ist die deutsche Sprache Grundvoraussetzung zur Teilhabe an der Gesellschaft. Aber die vorhandene Mehrsprachigkeit ist genauso ein Kapital, dass man sowohl für die Wirtschaft als auch für die Politik und die Gesellschaft positiv und effektiv verwenden kann. **Stattdessen wird aber künstlich Mehrsprachigkeit (Französisch, Englisch) erzeugt, obwohl eine vorhandene Mehrsprachigkeit (Türkisch, Russisch) nicht gefördert wird.** Hier verschwendet man einen großen Teil an Zeit, Geld und Humankapital. Die Ausblendung dieser Kompetenz führt später zu folgenschweren Misserfolgen dieser Schüler. Daher ist die Kürzung der Lehrstellen für den muttersprachlichen Unterricht ein großer Fehler (vgl. LAGA NRW, 2005).

Die Ergebnisse der Studien zeigen, dass sämtliche Schulsysteme sozial selektiv sind. Die Kinder von Migranten haben wesentlich schlechteren Zugang zu Bildung und sind in der Weiterbildung sehr stark unterrepräsentiert. Die Schere zwischen deutschen Schülern/innen und Schülern/innen mit Migrationshintergrund, die keinen deutschen Pass haben, geht weiter auseinander. **Daher sollte es primäres Ziel sein, gleiche Chancen für alle zu schaffen und Bildungsbenachteiligung zu beseitigen.**

8.0 Literatur

- Amt für Schule: Klassenbesetzungsübersicht 2009/2010. Stadt, 2010
- Baumert J., Schümer G.: Familiäre Lebensverhältnisse, Bildungsbeteiligung und Kompetenzerwerb im nationalen Vergleich. In.: Deutsches PISA-Konsortium (Hrsg.): PISA 2000 – Die Länder der Bundesrepublik Deutschland im Vergleich. Leske + Budrich: Opladen, 2002, S.159-202
- Baumert J., Watermann R., Schümer G.: Disparitätten der Bildungsbeteiligung und des Kompetenzerwerbs. Ein institutionelles und individuelles Mediationsmodell. In: Zeitschrift für Erziehungswissenschaft. 6.Jahrg., Heft 1/2003, S.46-73
- Block R., Klemm K.: Gleichwertige Lebensverhältnisse im Bundesgebiet? Demografische, ökonomische, institutionelle und familiale Bedingungen des Lernens im

Bundesländervergleich. In: Gewerkschaft Erziehung und Wissenschaft (Hrsg.): PISA verstehen. Hintergrundinformationen zum PISA-Bundesländervergleich 2003. Frankfurt 2005.

- BMBF (Bundesministerium für Bildung und Forschung): Bildung und Lebenslangen – Auswertungen und Analysen für den zweiten Armuts- und Reichtumsbericht der Bundesregierung. BMBF: Berlin, 2004
- BMBF (Bundesministerium für Bildung und Forschung): Vertiefender Vergleich der Schulsysteme ausgewählter PISA-Teilnehmerstaaten. BMBF: Berlin, 2003
- Bommes M., Radtke F.-O.: Institutionalisierte Diskriminierung von Migrantenkindern. Die Herstellung ethnischer Differenz in der Schule. In: Zeitschrift für Pädagogik. 39.Jg. Nr.3, 1993, S.483-497
- Bos W., Lankes E.M., Prenzel M., Schwippert K., Walther G., Valtin R. (Hrsg.): Erste Ergebnisse aus IGLU. Schülerleistungen am Ende der vierten

Jahrgangsstufe im internationalen Vergleich. Waxman: Münster, 2003

- Bourdieu P.: Ökonomisches Kapital, kulturelles Kapitel, soziales Kapital. In: Kreckel R. (Hrsg.): Soziale Ungleichheiten. Soziale Welt, Sonderband 2, 1983, S.183-198
- Broden A.: Notwendige Differenzierungen: Der Karikaturenstreit im bundesdeutschen Migrationsdiskurs. In: IDA-NRW. Zeitschrift des Informations- und Dokumentationszentrums für Antirassismusarbeit in NRW. 1/2006, 12.Jg., S.6-9
- Deutsches PISA-Konsortium (Hrsg.): PISA 2000 – Die Länder der Bundesrepublik Deutschland im Vergleich. Leske + Budrich: Opladen, 2002
- Deutsches PISA-Konsortium (Hrsg.): PISA 2000. Basiskompetenzen von Schülerinnen und Schülern im internationalen Vergleich. Leske + Budrich: Opladen, 2001
- Deutsches PISA-Konsortium (Hrsg.): PISA 2003. Der Bildungsstand der Jugendlichen in Deutschland – Ergebnisse des zweiten

internationalen Vergleichs. Waxmann: Münster, 2004

- Ericson R., Jonsson J.O.: Explaining Class Inequality in Education: The Swedish test Case. In: Ericson R., Jonsson J.O. (Hrsg.): Can Education be Equalized? The Swedish Case in Comparative Perspektive. Westview Press, Boulder, 1996, S.1-63
- Esser H.: Aspekte der Wanderungssoziologie und Integration von Wanderern, ethnischen Gruppen und Minderheiten. Darmstadt, 1980
- Esser H.: Akkulturation. In: Schäfers B. (Hrsg.): Grundbegriffe der Soziologie. 8., überarb. Auflage. Leske + Budrich: Opladen, 2003, S.1-5
- Forum Bildung: Ergebnisse des Forum Bildung I. Empfehlungen des Forum Bildung. Forum Bildung: Bonn, 2001
- Freidson E.: Der Ärztestand. Berufs- und wissenschaftssoziologische Durchleuchtung einer Profession. Enke: Stuttgart, 1979

- Geißler R.: Die Sozialstruktur Deutschlands. 3., grundlegend überarbeitete Auflage. Westdeutscher Verlag: Wiesbaden, 2002
- Gogolin I., Radtke F.-O.: Mechanismen institutionalisierter Diskriminierung in der Schule. In: Gogolin I., Nauck B. (Hrsg.): Migration, gesellschaftliche Differenzierung und Bildung. Resultate des Forschungsschwerpunktprogramms FABER. Leske + Budrich: Opladen, 2000
- Gogolin I.: Sprachlich-kulturelle Differenz und Chancengleichheit – (un-) versöhnlich in staatlichen Bildungssystemen? In: Lohmann I., Rilling R. (Hrsg.): Die verkaufte Bildung. Kritik und Kontroversen zur Kommerzialisierung von Schule, Weiterbildung, Erziehung und Wissenschaft. Leske + Budrich: Opladen, 2002, S.153-168
- Gomolla M.: Institutionelle Diskriminierung in der Schule. In: Das Argument, 40.Jg., H.1-2, 1998, S.129-143

- Gomolla M., Radtke F.-O.: Institutionalisierte Diskriminierung von Migrantenkindern. Opladen: 1999
- Gomolla M., Radtke F.-O.: Mechanismen institutionalisierter Diskriminierung in der Schule. In: Gogolin I., Nauck B. (Hrsg.): Migration, gesellschaftliche Differenzierung und Bildung. Resultate des Forschungsschwerpunktprogramms FABER. Leske + Budrich: Opladen, 2000, S.321-341
- Groß M.: Bildungssysteme, soziale Ungleichheit und subjektive Schichteinstufung. Die institutionelle Basis von Individualisierungsprozessen im internationalen Vergleich. In: Zeitschrift für Soziologie. Jg.29, Heft 5, Oktober 2000, S.375-396
- Grundmann M.: Bildungserfahrung, Bildungsselektion und schulische Leistungsbewertung. In: Zeitschrift für Soziologie der Erziehung und Sozialisation. 19.Jg., 1999, H.4, S.339-353

- Heilmann S., Zitzelsberger W.: Die sonderpädagogischen Diagnose- und Förderklassen in Bayern – Schulversuch. In: Die Sprachheilarbeit 32 (1987), S.219-224
- Jelpke U.: Gezielte Diskriminierung. In: Ayasofya Zeitschrift. Nr.17, 2006, S.42-43
- LAGA-NRW: Stellungnahme der LAGA NRW zum Pisa-Ländervergleich. Pressemitteilung vom 3.11.2005
- Lange E.: Soziologie des Erziehungswesens. 2., überarbeitete Auflage. VS Verlag: Wiesbaden, 2004
- Leiprecht R., Lutz H.: Wir brauchen den kritischen Dialog und keine Polarisierung. In: IDA-NRW. Zeitschrift des Informations- und Dokumentationszentrums für Antirassismusarbeit in NRW. 1/2006, 12.Jg., S.9-12
- Lentz A., Radtke F.-O.: Bildungsghettos – Institutionalisierte Diskriminierung von Migrantenkindern in der Grundschule. In: Unterrichtswissenschaft. Zeitschrift für Lernforschung. Jhr. 22, 1994, Heft 2, S.182-191

- Luhmann N.: Der medizinische Code. In: Luhmann N.: Soziologische Aufklärung 5. Westdeutscher Verlag: Opladen, 1990, S.183-195
- Luhmann N.: Inklusion und Exklusion. In: Luhmann N.. Soziologische Aufklärung 6. Westdeutscher Verlag: Opladen, 1995, S.237-264
- Mecheril P.: Einführung in die Migrationspädagogik. Beltz-Verlag: Weinheim, Basel, 2004
- Meißner V.: Die Integration von Muslimen in Deutschland – Herausforderung für die Institution Kirche. In: Schmid H., Renz A., Sperber J. (Hrsg.): Herausforderung Islam. Anfragen an das christliche Selbstverständnis Theologisches Forum Christentum – Islam. Akademie der Diözese Rottenburg-Stuttgart: Stuttgart, 2003
- MSW (Ministerium für Schule und Weiterbildung des Landes Nordrhein-Westfalen): BASS 2005/2006. Bereinigte Amtliche Sammlung der Schulvorschriften. Jahresbeilage zum Amtsblatt NRW. 20.Ausgabe. Ritterbach Verlag: Düsseldorf, 2005

- MSW (Ministerium für Schule und Weiterbildung des Landes Nordrhein-Westfalen): Das Schulwesen in Nordrhein-Westfalen als quantitativer Sicht, Statistische Übersicht 371, 2. Auflage, 2010
- Peuckert R., Scherr A.: Integration. In: Schäfers B. (Hrsg.): Grundbegriffe der Soziologie. 8., überarb. Auflage. Leske + Budrich: Opladen, 2003, S.152-155
- Radtke F.-O.: Mechanismen ethnischer Diskriminierung in der Grundschule. In: Kersten R,. Doron K., Sargut S. (Hrsg.): Ausbilden statt Ausgrenzen. Jugendliche ausländischer Herkunft in Schule, Ausbildung und Beruf. Frankfurt/Main, 1996, S.121-131
- Rolff H.-G.: Die Chancen nutzen. Im deutschen Bildungssystem darf kein Kind zurückbleiben – nicht nur aus sozialen, auch aus ökonomischen Gründen. In: Frankfurter Rundschau, 8.8.2005
- Sahinöz Cemil: Kinder brauchen Chancen! Reproduziert die Schule Ungleichheit?. In: Zukunft, Nr.6, Dezember 2006, S.68-71

- Sahinöz Cemil: Integrationsparadoxon. In: Zukunft, Nr.11, Mai 2007, S.56-59
- Schelsky H.: Die Bedeutung des Klassenbegriffes für die Analyse unserer Gesellschaft. In: Jahrbuch für Sozialwissenschaft, Zeitschrift für Wirtschaftswissenschaften. Band 12, 1961, S.237-269
- Schimpl-Neimanns B.: Soziale Herkunft und Bildungsbeteiligung. In: Kölner Zeitschrift für Soziologie und Sozialpsychologie, 52, Heft 4, 2000, S.636-669
- Schulamt für die Stadt: Verfahrensregelung zur schulischen Eingliederung ausgesiedelter und ausländischer Kinder und Jugendlicher. Oktober 2008
- Stadt. Amt für Stadtforschung, Statistik und Wahlen. Statistik Aktuell. Juni 2010
- Weber M.: Wirtschaft und Gesellschaft. J.C.B.Mohr: Tübingen, 1980

8.0 Anhang

Abbildung 23: Zuweisung von Ausländern und Aussiedlern in die Primarstufe im Schuljahr 1999/2000

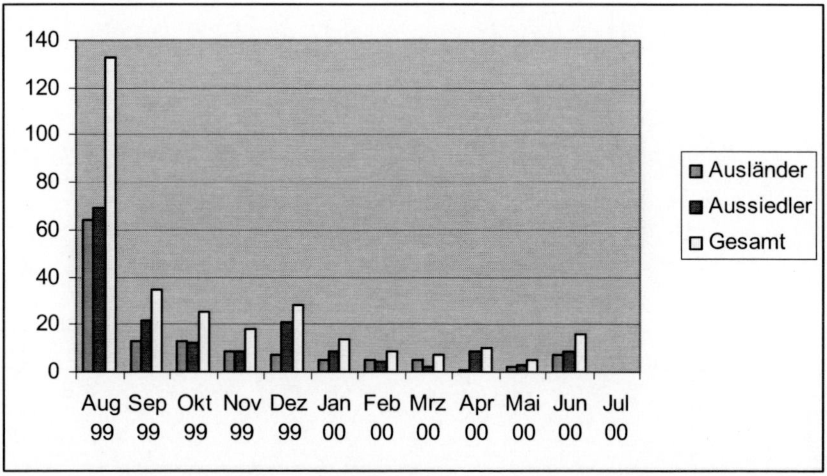

Quelle: Daten aus der Stelle

Abbildung 24: Zuweisung von Ausländern und Aussiedlern in die Primarstufe im Schuljahr 2000/2001

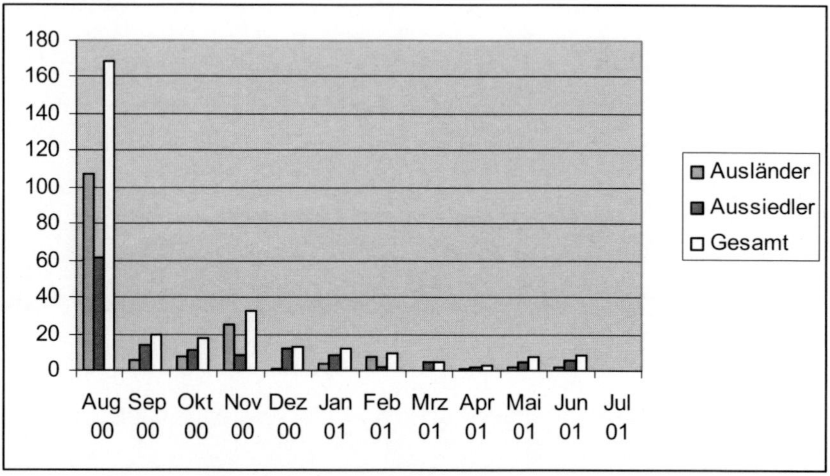

Quelle: Daten aus der Stelle

Abbildung 25: Zuweisung von Ausländern und Aussiedlern in die Primarstufe im Schuljahr 2001/2002

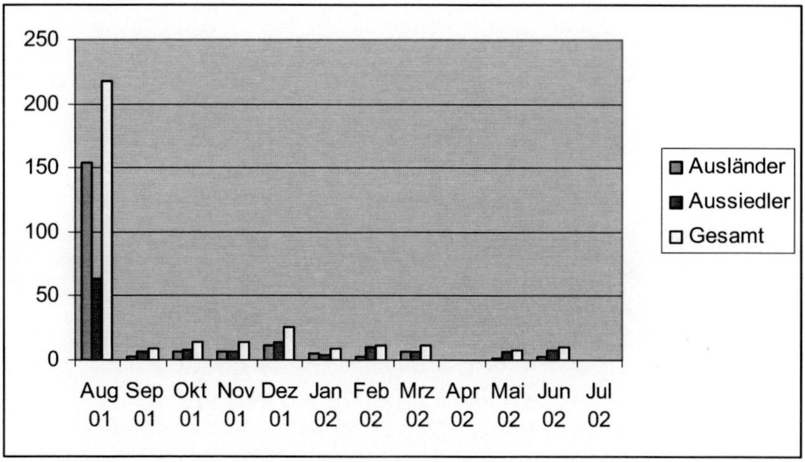

Quelle: Daten aus der Stelle

Abbildung 26: Zuweisung von Ausländern und Aussiedlern in die Primarstufe im Schuljahr 2002/2003

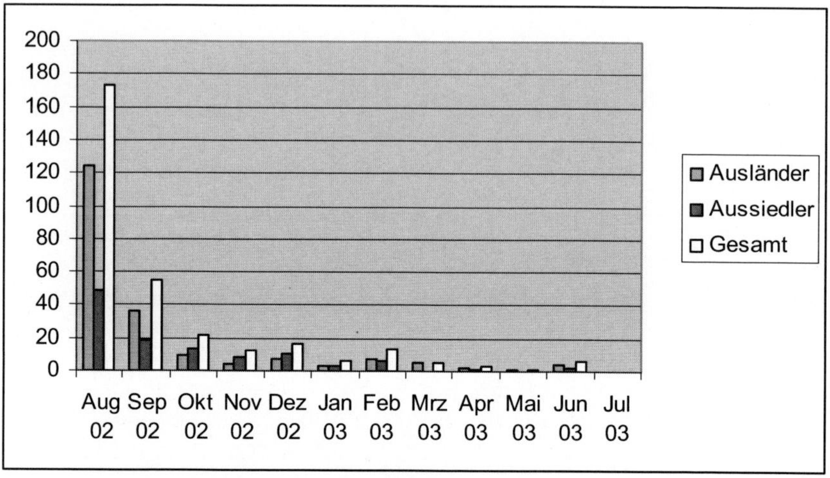

Quelle: Daten aus der Stelle

Abbildung 27: Zuweisung von Ausländern und Aussiedlern in die Primarstufe im Schuljahr 2003/2004

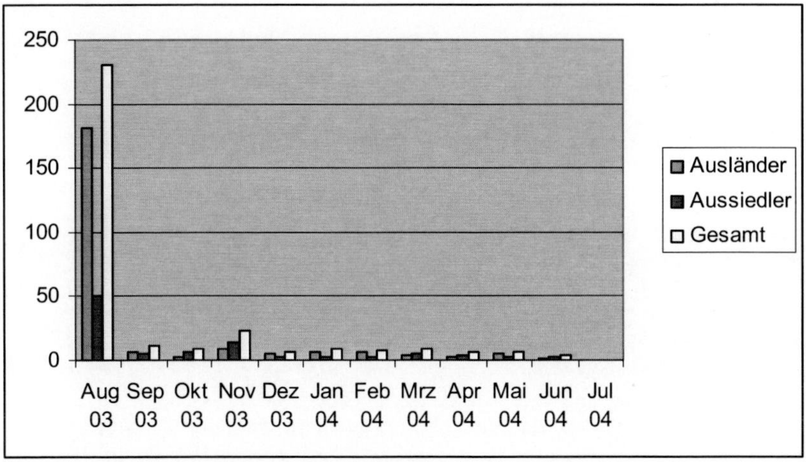

Quelle: Daten aus der Stelle

Abbildung 28: Zuweisung von Ausländern und Aussiedlern in die Primarstufe im Schuljahr 2004/2005

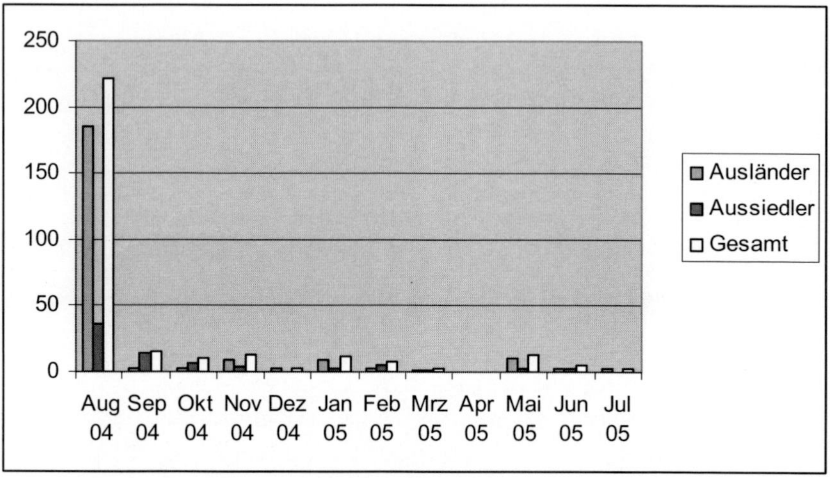

Quelle: Daten aus der Stelle

Abbildung 29: Zuweisung von Ausländern und Aussiedlern in die Primarstufe im Schuljahr 2005/2006

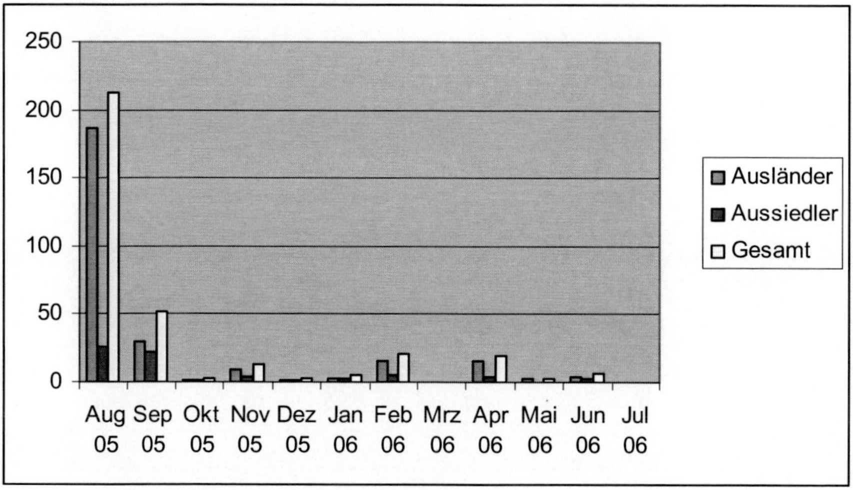

Quelle: Daten aus der Stelle

Abbildung 30: Zuweisung von Ausländern und Aussiedlern in die Primarstufe im Schuljahr 2006/2007

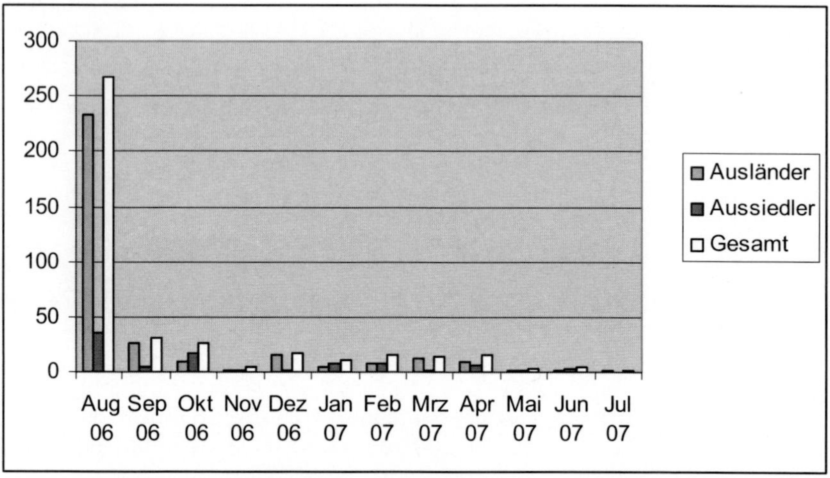

Quelle: Daten aus der Stelle

Abbildung 31: Zuweisung von Ausländern und Aussiedlern in die Primarstufe im Schuljahr 2007/2008

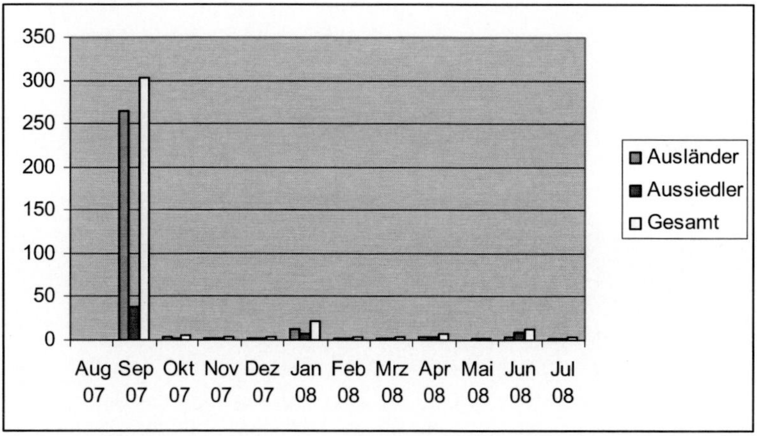

Quelle: Daten aus der Stelle

Abbildung 32: Zuweisung von Ausländern und Aussiedlern in die Primarstufe im Schuljahr 2008/2009

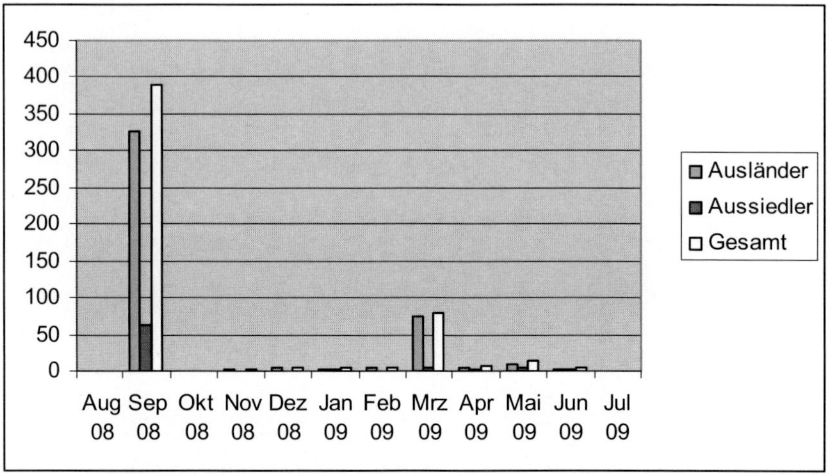

Quelle: Daten aus der Stelle

Abbildung 33: Zuweisung von Ausländern und Aussiedlern in die Hauptschule vom Schuljahr 1999/2000 bis 2009/2010

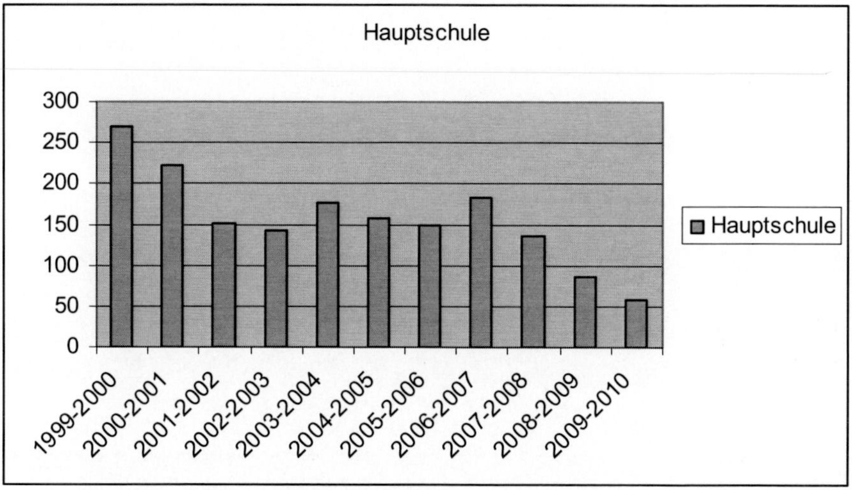

Quelle: Daten aus der Stelle

Abbildung 34: Zuweisung von Ausländern und Aussiedlern in die Realschule vom Schuljahr 1999/2000 bis 2009/2010

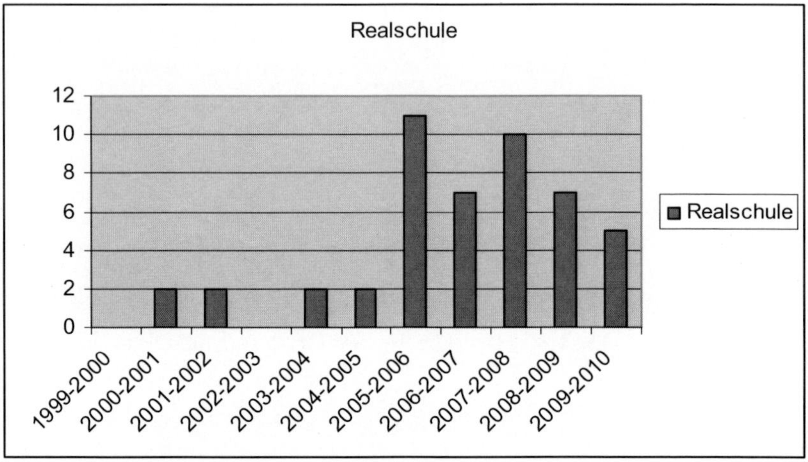

Quelle: Daten aus der Stelle

Abbildung 35: Zuweisung von Ausländern und Aussiedlern in das Gymnasium vom Schuljahr 1999/2000 bis 2009/2010

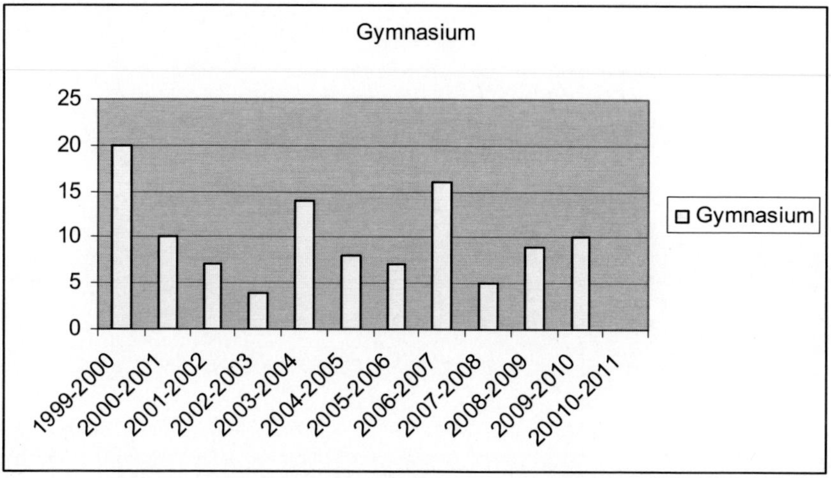

Quelle: Daten aus der Stelle

Abbildung 36: Zuweisung von Ausländern und Aussiedlern in die Gesamtschule vom Schuljahr 1999/2000 bis 2009/2010

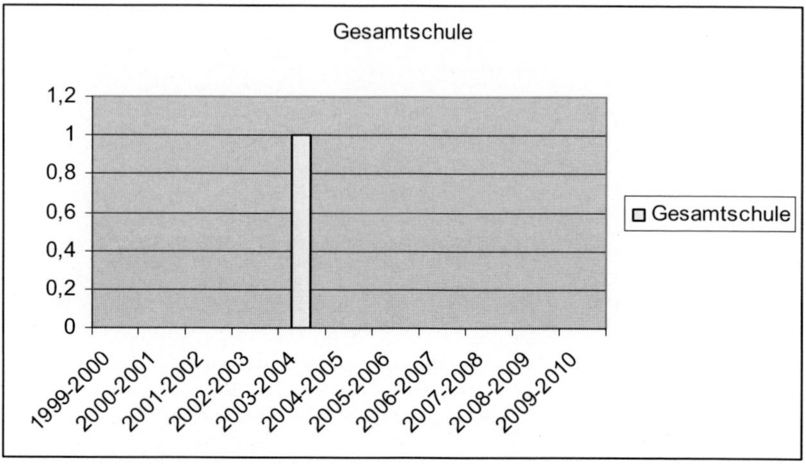

Quelle: Daten aus der Stelle

Zum Autor:

Der Autor Cemil Şahinöz (Dipl. Soziologe; Doktorand der Theologie, Religionswissenschaft und Philosophie; geboren 1981) ist Gründer und Chefredakteur der Zeitschrift "Ayasofya". Er hat verschiedene Bücher übersetzt und verfasst. Sein erstes Buch schrieb er mit 15 Jahren und mit 16 Jahren brachte er seine erste monatliche Zeitschrift heraus. Sein Aufsatz "Situation der türkischen Familien in Europa" wurde 2006 von Diyanet (DİTİB) zum "Besten Aufsatz des Jahres" gewählt. Zu verschiedensten Themen macht er Vorträge, Seminare, Fortbildungen, Konferenzen und Workshops. Als Journalist arbeitet er in der Zeitung "Hürriyet". In den Zeitungen "Moral Haber", "Öztürk", "İkinci Vatan", "Alamanci", "Haber Ayna", "Arastirmaci Yazarlar", "Medya Takipte", "Islamische Zeitung" und "Türkses" und in der Zeitschrift "Ayna" hat er eigene Kolumnen. In der Vergangenheit war er auch in den Zeitungen "Kismet" und "Anadolu" und in den Zeitschriften "Zukunft" und "Yeni Gençlik" als Autor tätig. Şahinöz moderierte die Internet-Radiosendung "Misawa Talk". Hauptamtlich ist er als Integrationsbeauftragter angestellt. In der Vergangenheit arbeitete er als Lehrer, Projektmanager, psychologischer Berater, Seelsorger für muslimische Häftlinge, Übersetzer, Editor und Leiter von Pädagogischen Angeboten. Seine Webseite (www.misawa.de) wurde unter 42 deutschen Islamseiten in den Bereichen "Offenheit", "Dialog", "Meinungsfreiheit", "Toleranz" und "Demokratisch" in einer Forschung an einer Universität am Besten bewertet. Als Dank und Auszeichnung für sein Engagement im Bereich Integration wurde er von Bundeskanzlerin Dr. Angela Merkel nach Berlin eingeladen und seine Arbeit in diesem Gebiet gelobt.

Kontakt: webmaster@misawa.de

In einer Forschungsarbeit für den Lehrstuhl für Vergleichende Kultur- und Sozialanthropologie an der Europa-Universität Viadrina wurden 42 Islam-Foren in Deutschland untersucht. Das Misawa-Forum wurde in allen Bereichen ("Offenheit", "Dialog", "Meinungsfreiheit", "Toleranz" und "Demokratisch") am Besten bewertet.
Misawa Group
www.misawa.de
www.wirverein.de
www.lesen24.com
misawa.de/mtalk.htm
www.hoerbuecher-islam.de
www.ayasofya-zeitschrift.de
tv.misawa.de
forum.misawa.de
toolbar.misawa.de
manga.misawa.de
eldumano.misawa.de
myhalalcheck.misawa.de
noch nicht besucht?